JN073738

地域から発信する 生き生き 実践シリーズ

家庭や地域と連携・協働する家庭科授業

―21世紀型スキルに向き合う―

日本家庭科教育学会中国地区会 編

Ｋ 教育図書

「家庭や地域と連携・協働する家庭科授業 ―21世紀型スキルに向き合う―」を問う

正保　正惠（日本家庭科教育学会中国地区会会長）

　本書を出版する2020年は，AIなどの技術によって社会が大きく変化する転換期にあって，年頭より COVID-19（新型コロナウィルス）が世界中を恐怖と不安に陥れた忘れられない年となった。このことに言及しないでは何も語れないほどの大きな出来事ではあるが，長引く影響の中で言われるようになった新しい生活様式はどんなものになっていくのか，家庭科教育を専門とする我々にとっても大きな課題を突き付けられた思いがしている。

　わが国の教育政策の歴史の中で，初めに子どもの状況に危機感を覚え，その方策について言及したのは，第15期中央教育審議会（平成7年4月～平成9年4月）による「21世紀を展望した我が国の教育の在り方について（中央教育審議会 第一次答申，平成8年7月）」であったように記憶している。その大きな柱は，「ゆとり」であり，その中で，子どもたちに「生きる力」をはぐくむということが目指された。そのためには，「学校・家庭・地域社会が十分に連携」し，具体的には，学校の教育内容を厳選するとともに，家庭や地域社会における教育力を高めていくことが目指された。

　その目次は，以下の通りであった。

第1部　今後における教育の在り方
（1）子供たちの生活と家庭や地域社会の現状
（2）これからの社会の展望
（3）今後における教育の在り方の基本的な方向
（4）過度の受験競争の緩和
（5）いじめ・登校拒否の問題

第2部　学校・家庭・地域社会の役割と連携の在り方
　第1章　これからの学校教育の在り方
（1）これからの学校教育の目指す方向
（2）新しい学校教育の実現のための条件整備等
　第2章　これからの家庭教育の在り方
（1）これからの家庭教育の在り方
（2）家庭教育の条件整備と充実方策
　第3章　これからの地域社会における教育の在り方
（1）これからの地域社会における教育の在り方
（2）地域社会における教育の条件整備と充実方策

第4章　学校・家庭・地域社会の連携

第5章　完全学校週5日制の実施について

（1）今後における教育の在り方と学校週5日制の目指すもの

（2）完全学校週5日制の実施に当たって特に留意すべき事項（以下略）

　この答申から20年以上を経た現在，改めて見直してみると，答申の目的であった学校での「ゆとり」をきっかけに「家庭や地域との連携」を図り，「家庭の教育力」を高めるという方向は，実際には「ゆとり」が注目され，やがて学力低下の元凶として批判を浴びる中で次第に全体の取り組みが低下していくという末路を辿っていったことが確認できる。

　社会がグローバル化，少子化，AIやSDGsをインパクトとして大きな転換期にあるといわれる中で，学校教育全体も大きな岐路にある現在，「ゆとり」そのものの成果について否定的な側面ばかりではなく，実は当時はまだ見えていなかった，新しい時代を先行していたという評価も出てきているので，この答申の目指した方向はやっと今になって動き始めた，という見方もできるのではないだろうか。さらに，この時にいわれていた「家庭や地域との連携」は，「ゆとり」と両輪となって動き出すはずであったが，「ゆとり」への注目と批判の中で実質的には後退し，積み残されてしまっていたのではなかったかと思われる。それらが，20数年の時を経て，新しい指導要領として別の形で新たに動き始めている。

　この度，平成29年度小・中学校・平成30年度高等学校指導要領改訂に際し，平成28年度の中央教育審議会答申を踏まえて以下のような重点項目が挙げられている。

1．今回の改訂と社会の構造的変化―社会に開かれた教育課程の実現―

2．何ができるようになるか―育成を目指す資質・能力―

3．どのように学ぶか―主体的・対話的で深い学び（アクティブ・ラーニングの視点からの授業改善）―

4．カリキュラム・マネジメント―教育課程を軸とした学校教育の改善・充実―

5．何を学ぶか―具体的な教育内容の改善・充実―

6．初等中等教育の一貫した学びの確立と子供の発達の支援

7．移行期間中の教育課程

8．何が身に付いたか―学習評価の充実―

　これらの重点項目は，教育課程すべてにおいて取り組むべき項目ではあるが，教科教育という視点で見ると，手前味噌ではあるが家庭科という教科にとても親和的である。逆に言うと，家庭科が長い間取り組んできたことが新しいインパクトの中でより重要度を増している，といういい方もできるかもしれない。家庭科の視点で眺めてみると，これらの8項目のうち，1の「社会に開かれた教育課程」を具体的にいうと「家庭や地域との連携・協働」ということになる。また2の「何ができるようになるか」は，具体的に家庭での仕事や団らんなどとつなげる必要があり，そのための5の「具体的な教育内容の改善」その方策として今まさに検討する必要がある点である。

　本書のタイトルを『家庭や地域と連携・協働する家庭科授業―21世紀型スキルに向き合う―』と

したのは，「社会に開かれた教育課程」，「何ができるようになるのか」，「具体的な教育内容の改善・充実」という3点を実現すべく，日本家庭科教育学会中国地区会でそれぞれに研究・実践を積み重ねているものとつなげて問いたいという意図からである。

　その結果，それぞれの原稿は小学校2年生や4年生が対象の授業，6年生が1年生のために調理する授業，小学校・中学校・高等学校が一緒に取り組む授業など，従来の指導要領から「はみ出た」取り組みが多く記載されている。本来の家庭科のあり方を真摯に考えて取り組むと，従来の枠には収まらないということも端的に示したつもりである。

　たとえば，下の図は今回の指導要領改訂に際して検討された「カリキュラム・デザインのための概念」と，「学力の三要素」の重なりの図であるが，21世紀型スキルをこれらの重なりであると理解することで，教育の歴史から紐解かれる「フォーキャスト的」（かねてから行ってきたからその延長線上におかれる）教育カリキュラムというよりは，未来の求められる姿から描かれる「バックキャスト的」（子どもたちが将来，ウェルビーイングに活動していく大人になるために，今何を教えていくべきかを考える）教育カリキュラムを考えれば，小学校低学年に向けた家庭科や学年・校種を超えた家庭科の提案はありうるのではないだろうか。

　さらに，家庭や地域と真摯に繋がっていこうと思えば，現実の中で起こっている様々な社会問題と向き合わざるをえないことも，本テキストの様々な論考・実践の中で言及されている。

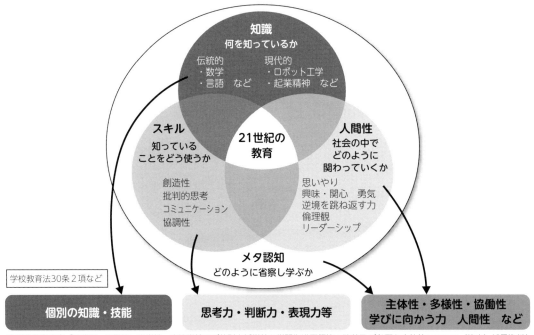

中央教育審議会「幼稚園，小学校，中学校，高等学校及び特別支援学校の学習指導要領等の改善及び必要な方策等について（答申）補足資料」（2016）より抜粋

【カリキュラム・デザインのための概念と，「学力の三要素」の重なり】

　さらに，家庭科の今回の指導要領（平成29・30年告示）では，次のような「深い学び」に関わる「教科等の見方・考え方」として「生活の営みに係る見方・考え方」のマトリクスが提案されてお

り，それぞれの領域と複層的な関係が示されている。まだ議論の余地の残るものではあるが，本書ではこのマトリクスも基本の枠組みとしていきたい。

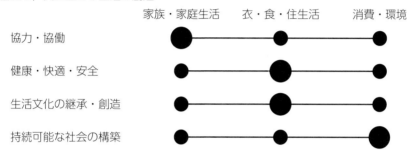

これらのマトリクスは，4つの見方・考え方をとおしてそれぞれの領域がつながっていくという見方もできる。逆に，それぞれの領域は，4つの見方・考え方すべてを（強弱はあれど）包含しつつカリキュラム構築がなされるべきであることもわかる。また，家庭科が家政学を背景学問としつつ総合的・実践的な教科であるということも再認識できる。個々の見方・考え方をそれぞれの領域で深めていくことと，トータルで生きる力をつけていくことは別のベクトルにも見えながら，全体としては生活を見通していく力（パースペクティヴ）を身に着けることにつながっているということを忘れてはいけない。

「何ができるようになるか」のヒントとして，以下の21世紀型スキルを，われわれが育成を目指す資質・能力として想定している。21世紀型スキルとは，国際団体の「ATC21s」（21世紀型スキル効果測定プロジェクト）によって提唱されている，21世紀以降のグローバル社会を生き抜くために必要な能力のことをいう。それぞれの研究・実践はこれらのうち，1つないしは複数，子どもたちに身につけられることを願った研究の成果である。

◇思考の方法
1．創造性とイノベーション
2．批判的思考，問題解決，意思決定
3．学び方の学習，メタ認知
◇働く方法
4．コミュニケーション
5．コラボレーション（チームワーク）

◇働くためのツール

6．情報リテラシー

7．ICT リテラシー

◇世界の中で生きる

8．地域とグローバルのよい市民であること（シチズンシップ）

9．人生とキャリア発達

10．個人の責任と社会的責任（異文化理解と異文化適応能力を含む）

　家庭科は，戦前からの歴史の中では衣食住に関わる技術を中心として発展してきた教科であり，高度経済成長期を挟んで「女子向き」教科として長く位置づけられてきた経緯もある。日本にまだはびこる性別役割分業と女性活躍を阻む慣習などの中で，それらのことが，一般社会から見たとき，小学校から高等学校，あるいは大学の中で誤解や無理解の中での「やりにくさ」に戸惑いながら家庭科に関わる教師たちがある種の「戦い」や「諦め」を経験してきたことも事実である。

　しかしながら，現在の「新しい生活様式」を見つめなおしていくという課題の中で，家庭科はある意味リ・ボーン（生まれ変わり）を求められているのではないかとさえ思われる。これらの21世紀型スキルと結び付けて「社会に開かれた教育課程」「何ができるようになるのか」「具体的な教育内容の改善・充実」を問いながら育成されるとき，目的（21世紀型スキル）と方法（それぞれの題材での知識や技術的側面・向き合う姿勢）を重ねて学んでいくことで新しい時代をけん引する最も新しい教育のスタイルを提案できるのではないかと自負するところである。

　かつて「ゆとり」教育と「家庭・地域との連携」そして「家庭教育力」が謳われた教育の方向性は，現下ではさらに踏み込んだ形で学校が積極的に家庭や地域に向かって開きながら働きかける（協働）方向に動き出している。そのためのカリキュラム・マネジメントや授業改善も緒に就いたところであるが，本書が新しい時代を準備するための，そして社会の中で自立を阻まれている可能性のある児童・生徒やその保護者たちを力づけることができる家庭科授業を構築しようとされるすべての実践者のためにとっての一助となれば幸いである。

　本書の編集あたって，それぞれの章においてその冒頭に分かりやすく本書の目的である以下の３点を四角に囲って「本研究のターゲット」として入れている。

①目指すおもな21世紀型スキル

②連携・協働の相手

③生活の営みに係る見方・考え方

　これらのターゲットをガイドとして，それぞれの授業に役立てていただければと願っている。

もくじ

共同研究

■ 共同研究 ■

小学校低学年からの探求学習による家庭科学習の試み

―小学校第2学年における衣生活学習「なぜ着るのか？」の実践と評価―

佐藤　園（岡山大学教育学部），**信清　亜希子**（岡山大学教育学部附属小学校）

本研究のターゲット

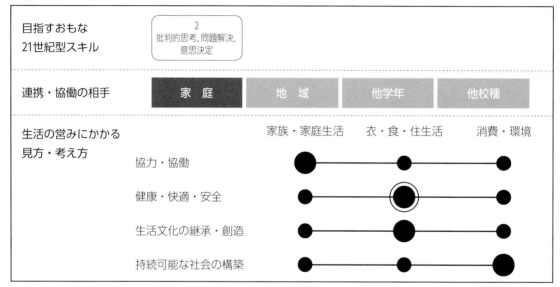

目指すおもな21世紀型スキル	2 批判的思考, 問題解決, 意思決定		
連携・協働の相手	家　庭	地　域	他学年 ／ 他校種

生活の営みにかかる見方・考え方

	家族・家庭生活	衣・食・住生活	消費・環境
協力・協働	●	●	●
健康・快適・安全	●	◉	●
生活文化の継承・創造	●	●	
持続可能な社会の構築	●	●	●

1．はじめに―問題の所在と研究の目的―

　わが国の新たな教育改革の方向性を示した平成28年度の中央教育審議会答申においても，家庭科は，小・中・高等学校の教科として位置づけられた。この意味を学校教育法第21条に示された普通教育の目標に求めると，「四　家族と家庭の役割，生活に必要な衣，食，住，情報，産業その他の事項について基礎的な理解と技能を養うこと」に中心的に携わることが家庭科の役割となる。これに基づき，平成29・30年に改訂された小・中・高等学校学習指導要領では，「（家庭）生活をよりよく営む（工夫し創造する）態度の育成」を目指す家庭科の目標が示されている。教科が固有の学問に依拠して成立することを考えると，その独自性は，固有の学問により解明された法則・理論の系統的学習を原理として，科学的認識形成をねらいとすることにある（森分，1984，pp.20-21）。これから，家庭科の独自性は，家政学により解明された法則・理論の系統的学習により，（家庭）生活の科学的認識形成をねらいとすることに求められる。

　家庭科固有の学問領域である家政学では，研究対象となる「（家庭）生活」を「生活の主体者である人間と生活するために必要な環境（人・狭義の環境・物）との相互作用により営まれる」（松

島，1976，pp.7-8）と定義し，そこに家政学の本質的特徴を表現する「構文的構造」（佐藤学，1996，pp.6-90）が存在する。人間が生活するために必要な環境の三側面である「人」「狭義の環境」「物」の構成要素としては，各々「家族，乳幼児」「資源（時間・金銭等），住居」「被服，食物」が必要であり，各構成要素の構造等を解明するため各研究分野（家族関係学，児童学，家庭経営学，住居学，被服学，食物学）が存在している。

　以上から，家庭科では，生活の主体者である児童・生徒自身が，「自分と環境との関係」を，教科内容（領域）として編成された「家政学の各研究分野で解明された法則・理論の系統的学習」を通して探求することで「（家庭）生活を科学的に認識」し，「（家庭）生活をよりよく営む態度の育成」を目指すところに教科の独自性と本質が求められると考えられる（佐藤園，2016，pp.68-74）。

　さらに，本書の巻頭で述べられているように，今回の学習指導要領の改訂で示された学校教育の改善・充実に関する重点項目は，従来から家庭科実践で取り組まれてきたことである。以上から考えるならば，わが国の新たな教育改革で目指す「生きる力」の育成のためには，「家庭科」の学びが子どもたちにとって重要な意味を持つことになる。特に，本共同研究で育成を目指す資質・能力として想定した21世紀型スキルの獲得に有効な「深い学び（deep learning）」の実現は，今回の学習指導要領改訂において授業改革の課題となっている。「深い学び」は，アクティブ・ラーニングにおける学びの質を表現する言葉である。教科授業での「質の高い学び」は，各教科の本質に即した「真正の学び（authentic learning）」により成立する。さらに，「深い学び」をアクティブ・ラーニングとして成立させるためには，知識の見方を変え，「デザインとしての知識」概念の形成が重要となる。教室において，通常，知識は所与のもの，固定したものとして認識されているが，その知識観を転換し，知識を生成的に再認識すること，生きて働くもの，帰納的なもの，学びによって創造し再構成されるものとして認識しなおさなければならない（佐藤学，2017，pp.8-9）。これから，家庭科の本質に即した「真正の学び（家庭科らしい学び）」により，生きて働く知識を創造し再構成していく授業を構成し，家庭や地域と連携・協働して実践していくことが，児童・生徒が「生きる力」「21世紀型スキル」を獲得するためには，必要不可欠となると捉えることができる。

　しかし，この家庭科の学びは，わが国では，小学校第5学年からしか子どもには保障されていない。この理由として，児童の「A．知的発達段階の問題」「B．手指の巧緻性の問題」「C．他教科の学習での理解や技能を総合・応用する能力の問題」が挙げられている（文部省，1956，pp.2-3）。

　それに対して，米国では，幼稚園から家庭科の学びを子どもに保障する事実もみられる。具体的には，N.J.州で教師・行政・大学の関係者の連携により1964年に開発され，その実践結果から1978年に改訂された幼稚園から第6学年までの初等家庭科プログラム"Homemaking in the Elementary Schools"（HMP）（Suzanne Sickler，1964・1978）である。そのカリキュラム構造と内容編成原理を分析すると，HMPでは，わが国のように第5学年にならなければ教科「家庭」は学べないと考えるのではなく，「子どもは何歳であっても一人の生活者としてよりよく生きるという課題を持って民主主義社会で生きている」という事実に立脚し，これを達成するために，前述した教科のねらいと原理に基づく幼稚園から小学校第6学年までの家庭科カリキュラムを編成し，「真正の学び」を可能にする探求学習による学びを提示していた（信清・佐藤園，2013）。

以上の問題意識から，本報では，21世紀型スキルのうち，「思考の方法」との関連をふまえ，今回の小学校家庭科学習指導要領改訂では「衣食住生活×健康・快適・安全」として示され，HMPでは幼稚園からの被服学習の内容となっている「衣服の主な働き，季節や状況に応じた日常着の着方」を取り上げ，探求学習の原理で作成した第2学年の授業計画案（教授書）[1]とその実践を報告する。さらに，その評価から，小学校低学年からの探求学習による家庭科学習の可能性について検討したい。

２．授業実践のための基礎知識

（１）　小学校低学年で「衣生活」をテーマとする家庭科学習を実践する教育課程上の学習活動枠の検討

現行の小学校教育課程において，低学年での「衣生活」をテーマとする家庭科学習を実践するためには，次の2つの条件を考える必要がある。

①学習指導要領で「衣生活」の内容や学習が規定されていること

②教科と同様に，「知識と経験の統合により学習が組織される」こと（佐藤学，1996，pp.445-451）

この2点から現行の小学校教育課程で規定されている全学習活動の学習指導要領を検討すると，低学年の生活科が条件を満たしていた。

（２）　「衣生活」をテーマとする小学校低学年の家庭科学習計画案の作成

前述した「家庭科が第5学年からしか学べない理由」のA（知的発達段階の問題）とC（他教科の学習での理解や技能を総合・応用する能力の問題）に焦点を当て，小学校低学年からの家庭科学習の可能性を検討するために，HMPの被服学習を参考に，探求学習の理論で小学校第2学年の家庭科教授書を作成した。教授書の単元名（テーマ）・目的・到達目標・構成は以下に示すとおりである。

単元名：なぜ，被服を着るのか？

単元の目的：半袖と長袖の被服を着ている写真を比較し，季節に合わせて被服を着ていることや，一日の自分の生活を振り返り，場面に合わせて被服を着ていることをとらえさせる。また，自分の体に合わない大きさの被服を着ることで，自分の体に合った被服を着る必要性について考えさせる。

到達目標：①わたしたちは，季節に合わせて被服を着る。

②わたしたちは，場面に合わせて被服を着る。

③わたしたちは，自分の体にあった被服を着る。

単元の構成：

①なぜ，季節に合わせて被服を着るのか？

ⅰ 2つの被服の違いは何か？

ⅱなぜ，半袖や長袖の被服を着るのか？

②なぜ，場面に合わせて被服を着るのか？

　　ⅰ一日の生活の中で，どんな被服を着ているか？

　　ⅱどんな時に，その被服を着ているか？

　　ⅲなぜ，一日の生活の中で，いろいろな被服を着るのか？

　③なぜ，体に合った被服を着るのか？

　　ⅰ自分の体に合っていない被服を着るとどうなるか？

（3）　授業の分析方法

　授業分析の視点としては，前述した「家庭科が第5学年からしか学べない理由」のAとCから，以下の2点を設定した。

　①児童は，どのような知識を獲得したのか

　②その中で，他教科の基礎的な知識と技能は応用されたのか

　1時間の授業実践は，VTRで録画し，授業記録を作成した。授業研究の実証性を確保（森分，1999，pp.24-25）するため，記録として文字化できた授業の内容と授業中に児童が記入したワークシートの記述内容を，2つの分析視点から検討した。

3．授業展開

（1）　授業の対象者，実践者，実践年月日・内容，実施授業時間

　「なぜ，被服を着るのか？」の全体計画，授業対象者，実践者，授業実施時間，実践年月日は，以下に示す通りである。

　①授業の対象者：岡山県A小学校第2学年（男子17名，女子17名，計34名）

　②授業の実践者：信清亜希子（クラス担任）

　③授業実施時間：生活「あしたヘジャンプ」

　④実践年月日：平成26年3月19日5校時

　⑤実践内容：単元名「なぜ，被服を着るのか？」

（2）　授業の実際

　VTRで録画した授業実践から作成した授業記録，及び授業風景と児童が作成したワークシートの一部は，以下に示す通りである。

主な発問	教授・学習活動	児童の発言	他教科との関連
Ⅰ　なぜ，季節に合わせて被服を着るのか？			
・この写真に写っている人が着ているもので，違うところは何か。	T：資料①②を提示し，発問する。 P：答える。	・左は半袖で右は長袖。 ・左は上着を着ていない。右は上着を着ている。 ・左は暑いから夏みたいな服。右は寒いから冬みたいな服。	算数 　比較する
・どうして左は半袖で，右は長袖を着ているのか。	T：発問する。 P：答える。	・左は夏，右は冬で寒い。 ・左は夏でとても暑いから半袖を着ていて，右は寒いときだから長袖を着ている。 ・寒いときに半袖は着ないし，暑いときに長袖は着ない。	
・なぜ，寒いときに半袖を着ないのか。	T：発問する。 P：答える。	・寒いときに半袖を着ると，手の所が裸だから寒い。	
・寒いときと暑いときで着るものは違うか。	T：発問する。 P：答える。	・違う。 ・夏は暑いから。	
・今は夏ではないのに，半袖を着ている人がいるのはなぜか。	T：発問する。 P：答える。	・夏ではないけど，暑いから。 ・運動をしたら暑いから。 ・調節している。	
・何に合わせて服を着ているのか。	T：発問する。 P：答える。	・季節。 ・温度。 ・気温。 ・天候。	
●なぜ，半袖や長袖を着るのか。	T：発問する。 P：答える。	●季節や気温に合わせて服を着ている。	生活 　家庭と生活
Ⅱ　なぜ，場面に合わせて被服を着るのか。			
・今日は長袖の服を着ている人が多いが，一日中同じ服を着ているか。	T：発問する。 P：答える。	・違う。 ・場所や朝・昼・晩で着替える。 ・お風呂に入るときは裸。 ・パジャマに着替える。	
・朝起きたときは何を着ているか。	T：発問する。 P：答える。	・パジャマ。 ・普通の服。	
・朝起きて着替えたか。	T：発問する。 P：答える。	・着替えた	
・パジャマはどんな時に着る服か。	T：資料③を提示し，発問する。 P：答える。	・寝る時。 ・お風呂から出てから。 ・病気の時。	

主な発問	教授・学習活動	児童の発言	他教科との関連
・朝起きて，パジャマから何に着替えたか。	T：発問する。 P：答える。	・普通の服。 ・学校に着ていく服。 ・通学服。	
・通学服は何をする時に着る服か。	T：資料④を提示し，発問する。 P：答える。	・勉強をする時。 ・起きている時の服。 ・学校で着ていい服。 ・お出かけに着る服。	
・学校に着ていく服と，お出かけをする時の服は同じか。	T：発問する。 P：答える。	・違う。 ・同じ時もある。	
・どんな所が違うか。	T：発問する。 P：答える。	・通学服にはえりがある。 ・かざりやキャラクターがついていない。	
・学校で着ている服は，通学服だけか。	T：発問する。 P：答える。 T：資料⑤を提示する。	・遠足に行く時は，動きやすい活動服を着る。 ・体育の時は，体操服に着替える。 ・動きやすい。 ・泳ぐ時に水着を着る。 ・入学式や卒業式に式服を着る。	
・なぜ，式服を着るのか。	T：資料⑥を提示し，発問する。 P：答える。	・通学服だと大事そうじゃない。 ・通学服だと模様がついているけど，式服はブラック。 ・紺色や灰色や黒。 ・模様がついていない。 ・お葬式で着た。 ・結婚式でも着たことがある。	
・他にも，学校で着る服はあるか。	T：発問する。 P：答える。	・給食当番の服。 ・エプロン。	
・エプロンは何をする時に着る服か。	T：資料⑦を提示し，発問する。 P：答える。	・給食の時。	
・他にはどうか。	T：発問する。 P：答える。	・図工の時に着る汚れてもいい服。 ・スモックやエプロン。	
・これは，何の時に着るのか。	T：発問する。 P：答える。	・図工の時。 ・汚れてはいけないから。	
・他にはあるか。	T：発問する。 P：答える。	・体育のゼッケン。 ・ビブス。	
●学校でいろいろな服を着ているのはなぜか。	T：発問する。 P：答える。	・やることに合わせているから。 ・何が起きるかによって着替えている。 ・時間や場所に合わせて。 ・その時に何をするか，どんな服を着るか自分で考える。	

主な発問	教授・学習活動	児童の発言	他教科との関連
		●何をするか，時間や場所に合わせて服を着ている。	
・この写真の服は，どの季節の何をする時の服か。	T：資料⑧を提示し，発問する。 P：答える。	・夏に体操をする時。 ・夏の運動をする時。	算数 　比較する
・この服を冬や給食の時に着たらどうか。	T：発問する。 P：答える。	・冬だったら寒い。 ・給食だったら汚い。 ・汚れる。	
・この写真の服はどうか。	T：資料⑨を提示し，発問する。 P：答える。	・冬に運動する時。	
・どうしてそう思ったのか。	T：発問する。 P：答える。	・活動しやすいから。 ・長袖であったかいから。 ・長袖，長ズボンだから。	
・この写真の服は学校で着るか。家で着るか。	T：資料⑩を提示し，発問する。 P：答える。	・家。	
・季節はどうか。何をする時か。	T：発問する。 P：答える。	・半袖だから暑い時。 ・家でのんびりする時。 ・ごろごろする時。	
・この写真の服は学校で着るとどうか。	T：資料⑪を提示し，発問する。 P：答える。	・えりがない。 ・靴下も靴も白ではない。 ・学校に着て来られない。	
・季節はどうか。	T：発問する。 P：答える。	・半袖だから暑い時。 ・半スカート。 ・スカートも短い。	
Ⅲ　なぜ，体に合った服を着るのか？ ・この服は，いつ着ればよいか。	T：資料⑫を提示し，発問する。 P：答える。	・エプロンは，給食の時。	生活 　学校と生活
・このエプロンを給食の時に着ればよいか。	T：資料⑫を児童に着用させ，発問する。 P：答える。	・だめ。	

主な発問	教授・学習活動	児童の発言	他教科との関連
・それは，なぜか。	T：発問する。 P：答える。	・大きさが合っていない。 ・ダブダブ。	
・大きいエプロンで給食当番をしてはいけないのはなぜか。	T：発問する。 P：答える。	・給食を配る時に当たる。 ・袖が長すぎたら，食べ物にエプロンがつきそうになる。 ・ダブダブだから落ちてきてしまう。	
・何に合っていないのか。	T：発問する。 P：答える。	・自分の体。 ・体の大きさに合っていない。	算数 比較する
・大きすぎる体操服や小さすぎる体操服で運動ができるか。	T：発問する。 P：答える。	・できない。 ・動きにくい。	
・季節や気温，何をするかだけでなく，どんな服を着なければいけないか。	T：発問する。 P：答える。	・身体に合った服。 ・サイズが合っている服。 ・体の大きさに合った服。 ●体に合った服を着る。	
・今日の学習でわかったことは何か。	T：発問し，ワークシートに記述させる。 P：答える。	・何をするか，時間や場所に合わせて服を着ている。 ・やることに合わせて服を着ている。 ・体に合った服や，その時にあった服をきる。 ◎何をするか，季節や気温，自分の体に合った服を着る。	国語 書く

【資料】 ①半袖の服を着ている子どもの写真(1)，②長袖の服を着ている子どもの写真，③パジャマを着ている子どもの写真，④通学服を着ている子どもの写真，⑤体操服を着ている子どもの写真，⑥式服を着ている子どもの写真，⑦給食のエプロンを着ている子どもの写真，⑧半袖の体操服を着ている子どもの写真，⑨長袖の体操服を着ている子どもの写真，⑩半袖の服を着ている子どもの写真(2)，⑪半袖の服を着ている子どもの写真(3)，⑫６年生が着ている給食のエプロン（実物）

【児童のワークシートの記述】

（3） 授業結果と評価

① 児童は，どのような知識を獲得したのか

　授業の導入では，2枚の写真を提示し，着ている被服の違いについて問いかけた。児童は，半袖と長袖の違いに気づき，「なぜ，袖の長さが違うのか」と問うと，半袖は暑い時，長袖は寒い時に着ており，「私たちは，季節や気温に合わせて被服を着ている」という概念を獲得していた。

　次に，一日の生活を振り返り，「どんな被服を着ているか」に関して問いかけた。児童は，「朝起きた時はパジャマ」「学校に行く時は通学服」「体育の授業の時は体操服」「給食の時はエプロン」などを着ていると応え，「私たちは，時間や場所，することに合わせて服を着ている」という概念を獲得した。この中で児童は，学校では，「通学服」だけではなく，遠足の時に着る「活動服」や始業式などに着る「式服」，運動をする時にも「体操服」や「水着」「ゼッケン」など，目的に合わせていろいろな種類の被服を着ていることに気づいたため，「どうしてこのような被服を着るのか」と問うと，「動きやすいから」「大事な式があるから」など，被服の役割を2年生なりの言葉で答えることができた。

　最後に，給食の場面を取り上げ，6年生が使用している給食当番のエプロンを一人の子どもに実際に着用させた。児童は，「大きさが合っていない」「仕事がしにくい」などと答え，「私たちは，自分の体に合った被服を着る」という概念を獲得することができた。

　さらに，授業の最後に「今日の学習でわかったことは何か」と問い，児童に記述させたワークシートを検討すると，「何をするか，きせつや気おん，自分の体に合ったふくをきる」という概念を獲得することができていた。

② その中で，他教科の基礎的な知識と技能は応用されたのか

　授業記録を「2年生で学習した他教科の基礎的な知識と技能の応用」という視点から捉え直してみると，授業全体で，国語での学び「話す・聞く・書く」，算数「比較する」，生活「家庭と生活」「学校と生活」で獲得した知識・技能を応用しながら思考し，2年生なりの言葉で「なぜ，被服を着るのか」に関する概念を獲得することができたと考えられた。

4. おわりに―小学校低学年からの探求学習による 家庭科学習の可能性と今後の課題―

　本実践を通して，児童は，家庭や学校生活の中で，様々な種類の被服を着ていることに気づくことができた。実践を行ったA小学校には，規定された制服はなく，「はでな物をさけ，通学や学習にふさわしい服（通学服）で登校する」ことが明文化されている。児童は，通学服を「えりがある服・キャラクターや飾りがついていない服・学習をする時に着る服」としてとらえていた。一方，入学式など式典で着る服は「式服」と呼ばれ，男子はブレザーに半ズボン，女子はブレザーにスカート（色は，黒か紺，グレー），ブレザーの下には白色のえり付きのシャツを着ることになっている。児童は，式服を学校だけにとどまらず，お葬式や結婚式など，「大事な式で着る服」としてとらえていた。また，遠足などの校外学習が行われる場合には，長袖・長ズボンの活動しやすい服（活動服）を着ることにしている。これらの被服を，場面に応じて着ていることを，児童は，2年生なりの言葉で概念化することができた。

　それに対して，被服の種類を表す「ジャケット」「スカート」「シャツ」や，被服の部位を表す「えり」「そで」などの用語が適切に使えない児童の様子も実践の中ではみられた。これは，児童各自の生活経験による差が大きいことに起因していると推察された。また，日頃の生活の中でも，下着を着ていない児童に，「なぜ，下着を着ないの？」と問いかけると「おうちの人が着なくていいと言った」という返事が返ってくることがある。

　以上の本実践の結果から言えることは，児童は，家庭や学校生活の中での「自分と被服の関係」を分析し，自分が衣生活を営むための目的となる「なぜ，被服を着るのか」に対する答えとなる「被服の機能」「季節・状況（目的）に応じた被服の着方」に関する知識を，2年生なりの言葉で自ら再構成し創造することができた。すなわち，「低学年においても探求学習による衣生活学習は可能である」ということである。児童の生活経験の差や保護者の意識の変化，さらに家庭の教育力が低下していることから考えても，「家庭科は，児童が5年生にならなければ学べない」と考えるのではなく，小学校に入学したより早い時期から，衣生活学習に関する学習を系統的に組織して学習し，その学習を基盤に実際の家庭生活や学校生活の中で，児童が自ら目的を持ち，自分の被服を選択し，着用し生活できるような「学校と家庭が連携した開かれた家庭科カリキュラム」を構築し，実践していくことが，児童が生きる力を身に付け，一人の生活者として自立していくためには必要不可欠であろう。しかし，本報告で試みた実践は，小学校2年生34名の児童の結果にしかすぎない。小学校入学時から全ての子どもに家庭科でのみ可能となる「真正の学び」を保障していくために，大学と小学校教員が共同して低・中学年を対象とした家庭科の様々な領域の授業を構成し，家庭・地域との連携・協働の中で実践・検討を重ねていくことが，今後の家庭科授業開発研究の重要な課題の一つとなるのではないだろうか。

注1）「探求学習に基づく家庭科教育内容開発研究の理論と方法」に関しては，次の文献を参照して下さい。
　佐藤　園（1996）家庭科授業構成研究，家政教育社

【引用文献】

松島 千代野，家政学原論集成，学文社，1976

文部省，小学校学習指導要領家庭科編昭和31年度，双葉図書，1956

森分 孝治，社会科を補完するもの，教育科学社会科教育，21（259），1984

森分 孝治，社会科教育学研究の類型と方法，森分孝治編，社会科教育学研究―方法論的アプローチ入門―，明治図書，1999

信清 亜希子・佐藤 園，米国 N.J. 州初等家庭科プログラムにみられる家庭科の性格とカリキュラム構成原理―小学校低学年からの家庭科学習の論理的可能性の検討，日本教科教育学会誌，36（3），2013

佐藤 学，カリキュラムの批評，世織書房，1996

佐藤 学，「深い学び」としてアクティブ・ラーニングが成立する条件，開隆堂，KGK ジャーナル，52（1），2017

佐藤 園，家庭生活の見方や考え方を育てる家庭科，日本教科教育学会編，今なぜ，教科教育なのか―教科の本質を踏まえた授業づくり，文渓堂，2016

Suzanne Sickler, Homemaking in the Elementary Schools : A Resource Guide for Classroom Teachers, Rutgers, 1964

Suzanne Sickler, Homemaking in the Elementary Schools : A Resource Guide for Classroom Teachers, Rutgers, 1978

小学校家庭科における教科外活動及び小中連携の学習効果

―手縫いによるプレゼント作りを通した地域の高齢者との交流―

竹吉　昭人（島根大学教育学部附属義務教育学校前期課程），
村上　かおり（広島大学大学院人間社会科学研究科），
鈴木　明子（広島大学大学院人間社会科学研究科）

本研究のターゲット

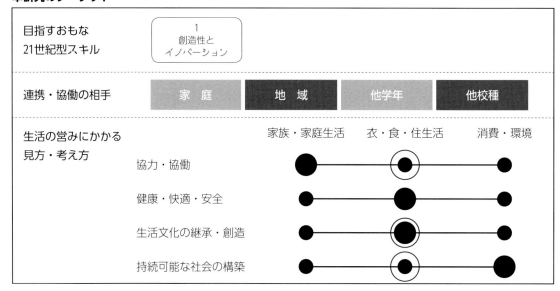

1. はじめに―**目的・方法**―

　新学習指導要領では，現代的な諸課題に対応して求められる資質・能力の育成を目指し改訂が行われた。布を用いた製作も，自分自身や他者や環境とのかかわりにおいて生活を豊かにする営みと捉え，それを可能にする技能習得の場としての意義が改めて注目されている。一方で，製作技能については，家事労働の電化・外部化により技能習得の必要性が薄れる中で，実生活での関心や習得が十分ではない現状がみられる。また，国立教育政策研究所による技能の習得状況等の実態調査（2007）等において，習得や定着状況の不十分さが報告されている。豊かな生活のあり方を問うためにも，手を使って生活道具を使いこなす技能を育む必要性は一層高まっている。製作活動は，役立つものを生み出すだけでなく，生活の快適さや便利さ，楽しさ，人との関わりを深めたり，生活文化への関心を高めたりする生活の豊かさと結びつく有意義な学習である。このことを子どもたちが実感を伴って学ぶことができる場や，基礎的・基本的な知識及び技能を身に付けることができるように，繰り返して学習したり経験したりできる場の保障が必要不可欠であると考える。

　そこで本研究では，実生活での経験が十分ではないことや，家庭科での学習の時間が限られることに鑑み，学校教育で製作活動体験の場を保障し，家庭科での製作活動の充実を図るために，小学4年生を対象とした教科外活動における製作の時間を設定した。このことは，製作活動における意義の再考や知識及び技能の定着に係る課題解決にもつながる可能性がある。

　そこで，製作技能を活用し，自分や身近な人の生活を豊かにすること，中学生との協働や地域の高齢者との交流を通して，家庭科での製作活動の充実を図ることを目的とし研究・実践を行った。本実践は，21世紀型スキルのうち，「1．創造性とイノベーション」に関わる能力の育成を目指す。

２．授業実践のための背景

（1）　家庭科学習及び裁縫技能習得の適時性について

　現在，家庭科の学習は小学5年生から始まる。その根拠として，昭和31年小学校学習指導要領・家庭科編では，小学校家庭科の意義「小学校家庭科が5，6年生に設けられている理由」の中で，①知的発達段階，②手指の巧緻性の発達，③総合的応用的能力の3点を理由として示し，満10歳頃から学び始めることが適切としている。以降の学習指導要領の中で，このことが特に述べられることはなく，その考え方を現在も踏襲していると考えられる。

　①知的発達段階，③総合的応用的能力については，子どもたちの道徳性の発達（小嶋：2016），対人関係及び社会性の発達（桑原・中本：2019），社会認識発達（加藤：2007），時間的展望（都筑：2008）などの心理学，社会学研究の成果からも，家庭科学習の特性と子どもの発達段階を照らし合わせ10歳頃，すなわち小学5年生からの学習の妥当性の示唆を得ることができる。しかし，例えば，桑原・中本の研究の道徳性の発達に関する記述の中で，「ピアジェやコールバーグの理論では道徳性の発達は幼児期には見られないとされていたが，デーモンが幼児期においても道徳性の発達がみられることを示した」と述べられており，このことからも，発達過程の低・中学年，あるいは幼児期においても，家庭科の学習内容の系統性を検証することによって，家庭科または家庭科関連の学習を成立させることができる余地は十分あり得る。

　一方で，手指の巧緻性の発達については，裁縫技能について直接言及した研究は見受けられないものの，鳴海・川端の小学生を対象とした手指の巧緻性の研究（2013）の中で，ひも結びテストを実施した結果，1回のひも結ぶ時間が，1年生は約50秒かかるのに対して2年生は約30秒となっており，1年生から2年生での差が大きく示されているが，6年生でも約20秒はかかっており，その差が10秒程度で，2年生以降の早さの伸びはゆるやかになっている。また，清水・森の研究（1933）では，小学1年生と幼稚園5歳児のひも結び学習の指導効果の比較を行っており，その指導効果は，小学生よりも幼稚園児の方があるという結果も示されている。これらの結果から，小学5年生以前であっても，調理や縫製学習など，技能面については学習が可能で，技能の向上，習得についての効果も十分望める。

　以上のことから，小学4年生での裁縫技能を用いた学習について，ねらいを吟味し，具体的に用いる技能を焦点化するなどによって，その学習のねらいを達成すると共に，家庭科学習の充実につながることが期待できる。

（2）　教科外活動「未来創造科」と家庭科学習との関連について

　家庭科においても，内容の指導及び，計画にあたっては，地域や家庭，他教科等，４年生までの学習や経験，中学校での学習との関連を考慮することが求められる。さらに，「総合的な学習の時間」のように，横断的・総合的な学習との関連を図ることも重要な視点である。

　「未来創造科」は，島根大学教育学部附属義務教育学校の開設にあたって，総合的な学習の時間を中核にして新たに設置された学校設定科目である。

　本科目は，「教科学習と連動した体験型・探求型の授業」を通して，「これからの時代に必要とされる資質・能力の育成」と「学力につながるあたらしい『ふるさと教育』の創造」を目指し，従前の「総合的な学習の時間」をより一層充実させ，地域のモデルとなりうる科目とすることを意図したものである。

　「これからの時代に必要とされる資質・能力」についての具体は，「主体的に課題を見つけ，様々な他者と協働しながら答えのない課題に粘り強く向かっていく資質・能力・態度（論理的思考力，想像力，問題解決能力，コミュニケーション力，学習意欲，感性等）を育成し，地域の未来を担う人材育成に資する」ことなどを掲げている。これまでも，家庭科学習においては，日常生活や家族・地域における生活の中から課題を見いだして設定し，解決策を考え，実践し，その結果を評価・改善しながら更なる家庭や地域での実践につなげていく一連の学習過程を大切にしてきた。未来創造科における「これからの時代に必要とされる資質・能力」は，まさに家庭科学習における学習過程と一致している。４年生までの「未来創造科」の学習の中で，身近な生活の中から課題を見いだし，解決していく過程を経験することで，家庭科で目指す資質・能力の育成に適切につなぐことができると考える。さらに，５年生以降での家庭科の学習を通して身に付けた知識や技能，生活の営みに係る見方・考え方は，「未来創造科」での課題解決に向けた手段や視点として有効に働くであろう。

　以下に示すのは，「未来創造科」の目標である。

　探求的な見方・考え方を働かせ，地域や社会が直面する課題に取り組む未来創造科の学習を通して，創造的な問題解決や未来志向的な構想・提案に携わることで，自己の生き方や社会のあり方を考えることができるようにするために，以下の資質・能力を育成する。

　⑴地域や社会が直面する課題をテーマとした探求的な学習過程において，課題の解決に必要となる知識及び技能を身につけるとともに，課題が生じる背景を捉えることができる。

　⑵地域や社会が直面する課題の解決に向けて問いを立て，その解決に向け，試行錯誤し，探求の成果を地域や社会に対して発信・表現することができる。

　⑶地域や社会が直面する課題をテーマとした探求的な学習に主体的・協働的に取り組むとともに，互いのよさを認めたり活かしたりしながら，地域や社会の未来を担うための行動を創造的に考え実践できる。

　この目標を受け，本研究の対象である小学４年生では，右のようにねらいを設定し，年間計画を立て「未来創造科」の学習に取り組んだ。

（3） 4年生「未来創造科」の年間計画

○未来創造科テーマ 『福祉』～誰もが幸せに 自分たちができること～

○ねらい 『福祉』についての学習を通して，誰もが幸せになるために，他者の気持ちや思いに寄り添い，自分たちができることを考え，実践していこうとする態度を育む。

○年間計画

時　期	内　容
1学期	○ガイダンス 　『福祉』についてのイメージや知っていることを共有し，これからの学習に向けた思いや願いを高める。 ○『福祉』の意味調べ 　『福祉』の意味を調べ，考えることを通して，今後の学習について課題や解決方法を考え，見通しをもつ。 ○身近な『福祉』調べ 　学校や家庭など身近にある "福祉" に関するものやことを調べ，まとめて発表する。
2学期	○地域の高齢者の方々との交流（本題材） 　地域の老人福祉施設への訪問や入所されている方々へのプレゼントづくりを通して，高齢者福祉について理解を深めたり，訪問先の方が喜んでくれるような企画を考えたりする。 ○ "福祉" 体験活動 　目の不自由な方や妊婦さんの体験，パラスポーツの体験等を通して，それぞれの理解を深め，相手の気持ちに寄り添ったり，支えるための手立てを考えたりする。 ○全校活動「スマイル活動」 　福祉の視点を活かし，1～6年生誰もが楽しめるレクリエーションを企画し，活動を運営する。 ○自分たちができることを考え実践する
3学期	これまでの学習を活かし，福祉の実現に向けて自分たちができることを考え，実践し，まとめて報告する。

　年間指導計画のうち，2学期「地域の高齢者の方々との交流」を本研究対象の題材として設定し，手縫いによるプレゼント作りを通した小中連携，地域の高齢者との交流を実施した。

　なお，9年生（中学3年生）は「未来創造科」『住みたいまちプロジェクト』という学習の中で，グループに分かれ，設定したテーマをもとに，地域の課題解決に向けて手立てを考える取り組みを行った。そのうち，4年生と共に活動したのは，「ものづくり」を通して地域の課題（少子高齢化）を解決するための手立てを考えた4名であった。9年生側のねらいとしては，ものづくりを通して「小学生にものづくりの楽しさを味わってもらう」，「小学生と高齢者の双方が喜べるような交流の場を設定する」ことを目的とし，学習を行った。

３．授業展開

（１） 題材名　地域の高齢者の方と交流しよう（４年生60名）

（２） 目　標

　　○老人福祉施設への訪問を通して，高齢者福祉についての理解を深めると共に，手縫いによるプレゼント作りを通して手縫いの基礎を知ることができる。**（知識及び技能）**

　　○交流の際に入所されている方に喜んでいただけるような企画やプレゼントを考えたり，作ったりし，相手に届けることができる。**（思考力・判断力・表現力等）**

　　○入所されている方々の気持ちを考えながら利用者の方と関わったり，プレゼントを作ったりすることができる。**（学びに向かう力，人間性等）**

（３） 実施時期

　　令和元年　９月

（４） 授業者

　　島根大学教育学部附属義務教育学校　４年部担任 竹吉昭人，南晃子（９年部担当 中林千春）

（５） 題材全体の流れ **（全10時間）**

　　○高齢者福祉や老人福祉施設について知る（１時間）

　　○高齢者の方との交流について考える（１時間）

　　○プレゼント作りに向けて手縫いの基礎を知る（３時間）

　　○９年生からプレゼントの作り方を教わり，製作する（２時間）

　　○老人福祉施設へ訪問し，交流する（２時間）

　　○地域の高齢者の方との交流や，交流までの学習をふり返る（１時間）

　　※９年生は，老人福祉施設との折衝，プレゼント作りの計画，プレゼント作りの材料準備，４年生へのプレゼント作りの指導，老人福祉施設での交流会の司会，４年生のふり返りの学習への参加を行った。また，実践について校内での報告会にて発表をした。

（6） 授業の実際

① 高齢者の方との交流に向けた学習

　本校のある松江市は，島根県の県庁所在地であり，人口約20万人の中核市である。平成31年度の高齢化率は29.2％であり，2019年9月に発表された総務省の人口推移による日本の高齢化率28.4％よりも高い。県全体では2018年10月で34.0％（全国3位）であり，高齢者福祉については身近な課題である。

　子どもたちと高齢者の関わりについても，祖父母と一緒に住んでいるあるいは徒歩圏内に祖父母宅がある児童が半数以上おり，且つ地域の高齢者との関わりも日常的にある児童も半数近くいる。老人福祉施設への訪問についても，半数程度経験があり，身近な存在であると言える。

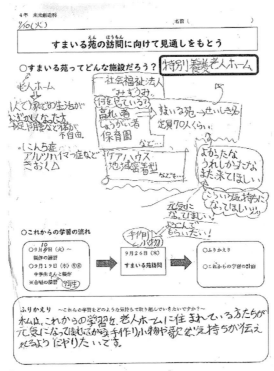

【これからの学習に向けたシート】

　高齢者との日常的で自然な関わりがある一方で，改めて「福祉」と高齢者をつないで考える機会はこれまでになく，訪問させていただく施設を中心に説明することを通して，入所されている高齢者の方々の様子や，高齢者福祉について改めて考え知る機会となった。また，訪問することとともに，訪問の際に自分たちができることとして，手縫いによるプレゼント作りをすることなどを提案し，9年生との協働学習についても説明し，見通しをもたせ，活動に対する意欲を高めることができた。

② プレゼント作りに向けた手縫いの基礎の習得

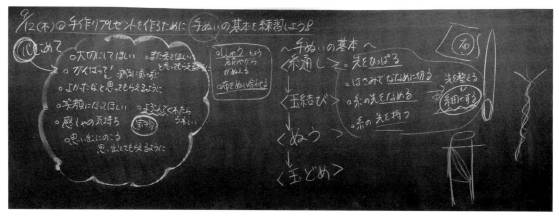

【手縫いの練習（板書）】

プレゼント作りのための手縫いの基礎的技能として、糸通し、玉結び、玉どめ、なみ縫いを取り上げ、3時間で学習した。事前アンケートで、針と糸を使った経験を問うと、「よく使う」13人（23.2%）、「使ったことがある」27人（48.2%）、「使ったことはない」16人（28.6%）という結果であった。（対象60人中、有効回答56人）経験について男女差はあるものの、学年全体の7割以上はすでに経験があり、手縫いを4年生段階で扱うことについて、十分学習

可能な内容であることを示唆している。プレゼント作りの手段として取り上げることは家庭科の事前学習としても有効であると考えた。

導入では、プレゼントに込める思いをしっかりと考えることを大切にした。目的意識を高めることによって、より高い意欲をもって手縫いの基礎を習得したり、プレゼント作りをしたりすることができる。入所者の方にとって宝物になるような、心をこめたプレゼントを作りたいという思いで、学習を進めることができた。

10cm×20cm程度の中厚の綿の布を一人１枚ずつ渡し，布上に玉どめ・玉結び，名前の縫い取りを行った。また，その布を中表に折り，周りをなみ縫いし，ひっくり返すという経験によって袋作りの基本も押さえた。玉結び，玉どめ共にくり返し練習することを通して，習熟を図ることができた。玉結びよりも玉どめに困難さを感じる児童が多く見受けられたが，個別に指導したり，児童同士で教え合いをさせたりすることによって，一通り全員が縫うことができた。袋についても，なみ縫いを終えひっくり返すと歓声を上げる子どももおり，特に想定していなかったが，できた袋に消しゴムなどを入れ，喜ぶ子どもたちの姿が印象的であった。

ワークシートは，左に示すように，製作の部分の内容とふり返りが一目で確認できるように工夫した。児童自身も自分の成長や思いの変化に気づくことができた。

③　9年生（中学3年）とのプレゼントづくり

高齢者の方々との交流として，入所されている方へのプレゼントを9年生男女2名ずつの4名が企画し，材料の準備，4年生への説明や指導を行った。

材料の準備や試作品作りを通して，9年生の生徒たちも裁縫に対して自信を深めることができたようである。4名ともに，4年生からの質問に丁寧に答えたり，アドバイスを送ったりするなど，積極的に関わることができた。

9年生への事後アンケートからは，全員が小学生と一緒に活動をしてとてもよかったと答え，「どんなことにも全力な小学生を見て，自分もがんばらないとと思った」「みんなすごくやる気で活動してくれて楽しんでくれた」といった

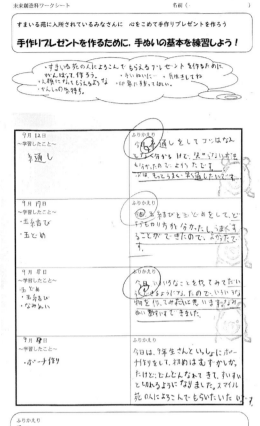

【ワークシート】

ことを感想として述べている。4年生から9年生へは，ポーチを上手に作れたことや，作り方で分からなくなったところを修正してくれたことに対する感謝の思いが書かれていた。製作や技能の習得においても，異学年による関わりが，相互にとって有効であることが明らかになった。

ポーチのつくり方

1. 表布（チェックの柄がある方）と裏布を合わせる

ぴったり重なるよ

2. ふちのところをぬう

5mmぐらいあけてね♪

☆ぶあついところがあるから、気をつけてね♪

2本どりだよ♪

ここは ぬわないよ♪♪

3. うらがえして、マジックテープをつける.

少しチクチクしていてかたい方

ふわふわしていてやわらかい方

完成！

【ポーチのつくり方】

③ 高齢者の方との交流とふり返り

【交流後のふり返り】

　プレゼントの完成後，松江市内の特別養護老人ホームに訪問した。

　子どもたちにとって，初めての訪問で緊張している様子がうかがえた。ワークシートにもあるように，歌やポーチのプレゼントを喜んでもらえなかったらという不安もあったようである。しかし，プレゼントを渡した方が涙ぐんで感謝を伝えてくださったり，歌を歌った後には，「ブラボー」という声と共に大きな拍手をいただいたりしたことで，子どもたちも感動している様子が見て取れた。「心をこめたらこんなによろこんでくれるんだと，初めて分かりました」との記述にもあるように，製作活動を通して作られたものは，生活に役立つ便利な物という側面だけでなく，作ったり，贈られたりする双方にとって，心を豊かにするものとなり得ることを改めて確認することができた様子がみられた。家庭科の目指す生活の豊かさには，必要不可欠な要素であると考える。

4．おわりに

　本研究では，家庭科での製作活動の充実を図るために，小学4年生を対象とした教科外活動における製作の時間を設定し，製作技能を活用し，自分や身近な人の生活を豊かにすること，中学生との協働や地域の高齢者との交流を通して，家庭科での製作活動の充実を図ることを目的とし研究・実践を行った。

　小学4年生での製作活動の実践では，手縫いの基礎の学習場面において，玉どめなどを中心に難しく感じる技能もあったものの，3時間の積み重ねによって，徐々に上達していく技能に喜びを感じたり，次のステップに進むことやプレゼントの製作を楽しみに感じたりすることができた。学習内容をプレゼントの製作に最低限必要な技能に焦点化したことは，4年生でも無理なく，十分にねらいを達成できる学習として有効であった。この学習をきっかけに，これまで実生活で裁縫経験のない子どもたちに，生活実践を促す効果もあるだろう。また，5年生での学習にスムーズに移行したり，知識及び技能のより深い理解や定着を図ったりすることにつながる学習となった。

　また，中学生との連携は，小学4年生での学習を成功させた要因の一つである。身近な先輩たちが活動の提案をしてくれたり，プレゼント作りの準備や指導をしてくれたりしたことは，小学生の子どもたちにとって，製作への意欲が高まる，魅力的な活動となった。中学生にとっても，製作物を計画すること，試作も含めて準備をすること，小学生に指導することを通して，裁縫に関するスキルアップにつながった。

　さらに，製作技能を用いてプレゼントを製作し，高齢者との交流を通して心を通わすことができたことは，製作活動は"生活に役立つ"といった側面だけではなく，人と人との心をつなぐものになり得ることや，福祉と関連づけることができるといったことを子どもたち自身が実感でき，製作活動の意義をより豊かに捉えることとなった。

　今後は，この度の学習成果をより詳細に分析し，学習のねらいや指導内容・方法をブラッシュアップし，よりよい学習過程の構築につなげていきたいと考える。また，このような家庭科と他教科・領域等との連携，あるいは小中連携や地域との連携が他の小中学校でも行えるように，指導計画等工夫し，一般化を図れるように提案したいと考えている。

【謝辞】

　本研究の実践にあたり，快くご協力いただきました南晃子教諭，中林千春教諭，社会福祉法人みずうみ特別養護老人ホームすまいる苑苑長　杉谷健様に心より感謝申し上げます。

【引用文献】

文部科学省，小学校学習指導要領解説　家庭編，東洋館出版社，2018

国立教育政策研究所，特定の課題に対する調査（技術・家庭科），2007

竹吉 昭人，小学校家庭科における布を用いた製作活動の授業開発，島根大学大学院教育学研究科修士論文，2005

文部科学省，小学校学習指導要領解説　家庭編，東洋館出版社，2018

文部省　昭和31年度小学校学習指導要領家庭科編，国立教育施策研究所，指導要領データベース https://www.nier.go.jp/guideline/（参照2019，12，21）

鈴木 明子，家庭科における布を用いた製作の教育的意義の再考―製作学習への意識とフィンランドのクラフト教育から見た課題―日本家政学会誌，Vol.66，No11，2015

小嶋 佳子，道徳性の発達支援―心理学的知見の活用―，愛知教育大学研究報告教育科学編，2016

桑原 千明，中本 敬子，幼児期から児童期にかけての対人関係及び社会性の発達と他者との協同による学習との関係―自己調整学習の観点から―，文教大学教育学部紀要，2019

加藤 寿朗，子どもの社会認識の発達と形成に関する実証的研究，風間書房，2007

都筑 学，小学校から中学校への学校移行と時間的展望―縦断的調査にもとづく検討，ナカニシヤ出版，2008

鳴海 多恵子，川端 博子，小学校児童における手指の巧緻性の学年差と男女差，東京学芸大学紀要総合教育科学系，2013

清水 歌，森 博美，手指の巧緻性の発達の研究（第1報）―小学生・幼稚園児の紐結び学習―，日本家庭科教育学会誌，第36巻，第3号，1993

バックキャスティングによる小学校家庭科の授業開発とパフォーマンス評価

—アサーション導入と「配慮」を加えた「家族のための食事作り」—

正保　正惠（福山市立大学教育学部），藤田　和也（福山市立西小学校）
西澤　準（福山市立西小学校）

本研究のターゲット

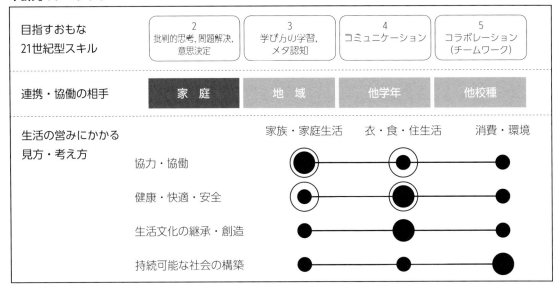

1．はじめに―問題の所在と研究の目的―

『21世紀型スキル―学びと評価の新たなかたち―』[1]と題された本は，近年日本の教育界でも話題となっている ACT21S（21世紀型スキルと学びの評価）プロジェクトが提案している「21世紀型スキル」の原典ともいえるものである。しかしながら，三宅なほみが「監訳者巻頭に寄せて」で述べているように，「21世紀型と呼ばれるスキルは，今の世界の経済的発展の先端を見据え明確にそれを牽引しようとする高度な知的スキルとして提唱」されているが，「コミュニケーション，Way of thinking など，一見具体的なよう」だが，抽象的すぎて「具体的には何をしたらよいのか決まらない」表現である[2]。

一方，家庭科は，具体的な生活を対象とするが，誰のために，何のためにと思い描きながら具体的な行為を行うツールとして，21世紀型スキルを意識的に授業に取り入れることで，思考と五感を使った生活の営みがより意味深いものとなっていく。そういう意味で，「抽象的な」21世紀型スキル概念に家庭科の具体的な生活の営みをつなげていくことで，21世紀型スキルも実際に形となって

生き，また家庭科は生活の営みの哲学を持って行うことが容易となる。食べる，着る，住まう……という生活に関する事象の技術的な側面のみではなく，21世紀型スキルと繋げながら学ぶことでより生活の意味を問い，家庭生活に対する心情を育みつつ深い学びとなっていく。

　そのような文脈を前提として，本稿においては，21世紀型スキルのうち，思考の方法の１．創造性とイノベーション，２．批判的思考・問題解決・意思決定，３．学びの学習・メタ認知と関連し，また働く方法の中の４．コミュニケーション，５．コラボレーション（チームワーク）とも関連した展開をしていきたい。そして本書のタイトルである連携との関連では，実際にそれぞれの児童の家庭と連携しながら授業の研究・実践を行っていく。

　さらに，平成29年度小・中学校・平成30年度高等学校指導要領改訂に際し，平成28年度の中央教育審議会答申を踏まえて挙げられている重点項目のうち，

　　１．今回の改訂と社会の構造的変化―社会に開かれた教育課程の実現―

　　２．何ができるようになるか―育成を目指す資質・能力―

　　５．何を学ぶか―具体的な教育内容の改善・充実―

の３点を中心とした授業を設計した。具体的には，新しい指導要領に基づき，家庭科においても４点の見方・考え方が提案されているところであるが，「Ａ家庭生活」，「Ｂ衣食住の生活」「Ｃ消費生活と環境」という家庭科の３つの柱は見方・考え方を通して繋がっていく，という発想をさらに超えたところで，「Ａ家族・家庭生活」と「Ｂ衣食住の生活」を直接重ねた授業を構想・展開していこうとしている。

２．授業実践のための基礎知識

（１）題材を「重ねる」ということ

　本稿は，本地区会より2017年に出版された『アクティブラーニングを活かした家庭科の授業開発―「深い学び」に向けて』に収められている「命と地球を守る家庭科の大際の重ね方―実感を伴った学習活動（ディープ・アクティブ・ラーニング）の試み」[3]の前半部分の続編にあたる。その時の研究の基本的な考え方は以下のとおりである。

　本稿においては，「関連させて」それぞれの題材を教えることをさらに進め，題材を「重ねる」ことで総合的な実践である実感を伴った学習活動を提案し，その意義を考えたい。ここで，本稿で「関連させる」とは，Ａの題材を行っているときに，Ｂとも関連することに言及しながら進めることと想定する。そして「重ねる」とは，ＡとＢを織物のように合わせて題材化して教えることとし，「関連させる」と「重ねる」は区別して考えている。「重ねる」ことで，実習等実践的に学ぶことの意味（……）を「実感を伴って」学習することを「より深いアクティブ・ラーニング」（＝ディープ・アクティブ・ラーニング）と定義したい。

　家庭科で陶冶すべき「学びに向かう力」とは，自分のリアルな生活を振り返りつつ問題意識をもって授業に臨み，学んだことを再び日々繰り返し営まれるリアルな生活につなげていく力であると考えて考察を進めた。

つまり，より「リアル」な文脈において，「深い学び」は成立するはずである，という前提で研究を行ってきたが，この時の基本的な授業の流れは，後で示す本稿の研究と同じ流れである。しかしながら，前回の研究では，「家族」と「食」を重ねてリアルに家族からの反応もみていったため，どんな化学反応が起きるか，未知の状態での研究であった。授業としてはアサーションを行った後，「まかせてね 今日の食事」の授業を展開し，最後に実際に冬休みに家族のための食事作りを行い，感想ももらうというところまでを行った。

しかしながら，家族に課題を抱えているかもしれない児童への配慮や，一般の公立小学校において研究を含めた授業を行った教師の困難について分析を行った結果，このままで再現していくことには無理があることが分かった[4] [5] [6]。具体的には，家庭に課題を抱えているかもしれない児童への具体的な配慮をしなければ，この授業は児童にとって辛いものになっていくし，そのことを自覚する教師たちも，その課題を児童と一緒に抱え込んでジレンマに陥る。

「リアル」を追求する中で，児童に「まかせてね 今日の食事」を宿題にして感想をいただくということは，プライバシーに踏み込むというよりは児童から保護者たちへの「逆伝承」を行い，ある種の親教育的なサポートを念頭に置きながら臨んでいくという自覚が教師たちにとっても重要なポイントである。

（2） アサーション

前回に続き，「家族のために1食分の献立を考え，家族と共に楽しい食事のときを作ろうとする。」という大きな目標のために，「アサーション」というアクティビティから授業を始めることを提案した。これは，「家庭生活を大切にする心情をはぐくむ」取り組みとして，2008年版指導要領を根拠に家庭科でも取り上げられてきている[7]。

アサーションとは「自分も相手も大切にする表現技法」であり，相手に自分の意見を押し付けるのではなく，また自分の気持ちを殺して相手に従ってしまうのでもなく，たとえネガティブな内容でも自分の意見を述べることを重視する。そして納得して双方で解決策を探っていく方法である。

（3） バックキャスティング

筆者は近年クリティカル・リアリズム（以後，CR）[8] という枠組みに依拠しながら研究を進めてきている[9] が，これはF・コルトハーヘンらが進めているリアリスティック・アプローチ[10] の一つと考えられる。CRは多くのテクニカル・タームを持っているが，本稿に関連したタームとして，「不在の不在化」というタームがある。毎日の日常生活のなかのリアルから，もやもやとしながらも居心地が悪い，あるいは切実な「困り感」を，「不在の不在化」というタームで説明しようとする。もやもやした中から不在を確認し，その課題を解決に導くため，切実な「困り感」に光を当てる方法を提示している。

また，「不在の不在化」を乗り越えるため，同じくCRで使われる「バックキャスティング」という方法がある。実際の「困り感」を時間軸をさかのぼって再検討した時に，どこの場面でどう違っていたらこの「困り感」をもたずに済んだのだろうか（本来のテクニカル・タームとしては，リトロダクションを用いる），といったことを検討するときに用いる用語である。一般用語として

も用いられているが，ここでは，この「バックキャスティング」を学術用語として用い，前回児童と教師に起こった「課題」を探り，克服して再試行することとした。

　今回の「改訂版」を試行するにあたり，家庭を巻き込んだ授業で気持ちがすっきりとしない児童がいた点や，教師自身が家族領域と食物領域を重ねることに躊躇があった点を見つめるために，何が不在だったかを考える指針とした。

（4）　逆向き設計とパフォーマンス評価

　家族領域と食物領域を重ねた授業「家族のための食事作り」は，最終目標を「家族の好みをインタビューし，全員が喜ぶメニューを考え，冬休みに家庭にて実践し，家族からの感想をもらう」ことにした。そのために，（実際には学活の時間を使って）アサーションの練習をおこない，「自分もひとも大切にする言い方」を学ぶ。そして栄養バランス・好み・旬の野菜を入れるなど，さまざまな条件を満たす献立作りとグループやクラスでの意見調整を行ったうえで学校の家庭科の授業で調理実習をする。これらはすべて家庭でインタビュー，メニューの検討，食事作り，感想を聞くというパフォーマンス課題のための準備という設定であり，パフォーマンス課題を達成するための逆向き設計による授業展開となる。

　そしてこの題材においての評価は，すべてのプロセスでの話し合いや発表，提出されるノート等の課題を含め，最終的に提出される「家族のための食事作り」のメニューと家族からの感想，それを読んでの自分の感想がパフォーマンス課題ということになる。

3．授業展開

（0）　家庭への「お知らせ」とインフォームドコンセント

　前回のアサーションを重ねた「家族のための食事作り」のリフレクションを活かし，バックキャスティングによる授業の再構築によって最も重要だと思われたものは，授業を始める前の家庭へのパフォーマンス課題への理解と協力を得ることである。また，この原稿執筆を行うにあたって，児童の記述や（顔は出さなくとも）写真が外部に出ていくことへのインフォームドコンセントを各担任が行っている。さらに，保護者の課題などさまざまな配慮が必要な児童へは，個別に無理に課題を行わなくてもいいといった声掛けも行っている。

　これらの事前の準備をすることが家庭と協力しながら児童を育んでいくことにつながり，また，様々な事情で子どもに手をかけることができない保護者たちを家庭科によって生活的自立ができるようになった児童の力で保護者を逆にサポートしていくことすら可能であることの気づきを保護者たちにももってもらえるのではないかと考える。

（1）　授業の対象者，実践者，実践年月日・内容，実施授業時間

　「家族のための食事作り」の全体計画，授業対象者，実践者，実施授業時間，実践年月日は，次のページに示す通りである。

① **授業の対象者**：広島県 N 小学校第 6 学年（1 組：男子 17 名，女子 17 名，計 34 名　2 組：男子 17 名，女子 17 名，計 34 名）

② **授業の実践者**：藤田 和也，西澤 準（クラス担任）

③ **授業実施時間**：学活 1 時間＋家庭科 7 時間

④ **実践年月日**：令和元年 12 月～2 年 1 月

⑤ **実践内容**：題材名「まかせてね 今日の食事」

題材の全体計画は以下のとおりである。

表1　学活＋家庭科「まかせてね 今日の食事」の全体計画

時	学習内容	関	創	技	知	評価規準（方法）
		評価の観点				
外（学活）	○話し合い場面のセリフを考える（2回：アサーションの方法を知る前と知った後）。				○	○相手が言ったことに共感したり，具体的な改善策を提示したりすることで，自分も相手も気持ちのよいコミュニケーションが取れることを理解している。（発言，ワークシート，ふり返りシート）
1	○1食分の献立の主食をご飯，汁物をみそ汁として，調理実習で作るおかずを決める。		○			○アサーションを用いながら，1食分の献立のおかずを工夫して決めている。（発言，ワークシート，ふり返りシート）
2	○決めたおかずをもとに，栄養バランスを考えてみそ汁の実を考える。		○			○1食分の献立が栄養バランスのよいものとなるようにアサーションを用いながら，みそ汁の実を工夫して決めている。（発言，ワークシート）
3	○1食分の献立の調理計画を立てる。		○			○必要な材料と分量，用具，手順などを考えながら，調理計画を立てている。（ノート）
4・5	○パフォーマンス課題を意識して，おかずの調理をする。		○	○		○調理計画をもとに，パフォーマンス課題に向けて，ゆでる・いためるという調理方法を使いながら，おかずを作ることができる。（観察）
6	○調理実習のふり返りを行い，家族のために作る1食分の献立を考える。				○	○調理実習での経験を踏まえ，家族の好みや費用を考えながら，家族のために作る1食分の献立を考えている。（ノート）
7	○冬休みに家で作った1食分の献立について発表し，今後の家庭での食事作りに生かす。		○		○	○パフォーマンス課題をふり返り，成果を交流することで，今後も家族のために食事を作ろうとしている。（発言，ワークシート）

　この中で，前回の課題をバックキャスティングによって明確にし，それを活かして改善点を図ったことは，以下の３点である。①担任の２名とクラスの児童たちの家庭環境と児童の様子についてしっかりと話す。②家庭への「便り」に，この題材の内容について周知し，協力を仰ぐ。特に冬休みのパフォーマンス課題について，インタビューを受けることや買い物から片付けまでの見守りを依頼する。③家庭の事情が困難でパフォーマンス課題ができそうにない児童について，あらかじめ特別な指示をお願いしておく。実際に，個別の配慮の必要があると判断された児童については特別な配慮を行っている。

　全体計画の中で，パフォーマンス課題を含め授業の内容を把握する方法は以下のとおりである。

◇**パフォーマンス課題**：冬休みに家族の好みをインタビューし，家族間の意向を調整したうえで１食分の食事を作って食べてもらおう。（**保護者への手紙**）

① **おじいちゃんとぼく・わたしの会話によるアサーション（ロールプレイング）**

　家族の希望をかなえようとするも，２人の意見が合わない状態をロールプレイング

（１回目）⇒アサーションとは何かという授業

　班ごとに工夫する。

　　　⇒意見を一致させることができるロールプレイング（２回目）

　ふり返りシート①記入

② **みんなでおかずを決めるための手続き⇒クラスで実習**

　まず，「主食」「汁物」「おかず」に分けて考える。そのうち，「おかず」を考える。

　苦手なものを挙げる？

　条件が整ったら，教科書に載っている「おかず」の写真の中から班で決めて推薦する。（アサーション想起）

　班ごとの推薦が出てきたら，推薦理由をそれぞれ表明する。

　　　⇒アサーションを思い出してクラスでみんなが納得する方法を探る。

　決めたら，95頁の栄養バランスのチェックリストを完成させる。

　　　⇒リストを見て，みそ汁の具，あるいは副食を考えることで再吟味する。⇒実習

　ふり返りシート②記入

　家族に要望を聞いて，家でもメニューを決めるプロセスを行う。

　ふり返りシート③記入

③ **冬休みに，家族のための食事づくりを宿題として行う。**（**パフォーマンス課題**）

■**事後１**：保護者用アンケート①冬休みに行った食事のメニュー・反省・保護者の評価（パフォーマンス課題）

（2）　授業の実際

① 　附属ではない公立小学校においては，指導要領以外の内容に踏み込んで授業を行うことは難しいため，アサーションの部分は学活扱いとして行っている。以下の内容のパワーポイントを教師が作成して，その後ロールプレイングを行っている。

> 　冬休み，家族のために　晩ごはんを作りました。ところがおじいちゃんが文句を言い始めました……
>
> **おじいちゃん**：「今日のチャーハンは量が多いのぉ……」
>
> **ぼく・わたし**：「はあ？　じいちゃん何言っとん？じいちゃんが食べたいって言ったんじゃろ」
>
> **おじいちゃん**：「相手に合った量ってもんがあるじゃろう。そんなことも考えられんのか」

　1回目，この会話の続きをおじいちゃん役と孫役の児童でロールプレイングを行う。そしてそれぞれの気持ちをふり返りシートに記入し，話し合う。

　その後，アサーションについての授業を行う。内容は，アサーションは自分にも相手にもOKになるように会話を工夫することであり，アグレッシブ（攻撃的）なジャイアンのような言い方ではなく，ディフェンシブ（防御的）なのび太君のような言い方でもなく，アサーティブ（自分にも相手にも気持ちの良い）しずかちゃんのような言い方で，もう一度ロールプレイを行う。

　2回目のロールプレイのあと，再度それぞれの気持ちをふり返りシートに記入し，1回目のときとどのように変化したかを話し合う。

② 　教科書に沿って，学校の授業での調理実習に向けての献立作り

③ 　パフォーマンス課題を意識しながら，「ゆでる」「炒める」の復習としての調理実習

④ 　調理実習での経験を踏まえ，アサーションを意識しながら家族の好みをインタビューし，家族のための1食分の献立を作る。

⑤ 　実際に家で家族のための食事を作る。（学校ではないのでお肉を使った料理も目立った。）

写真1　ロールプレイの様子

写真2　学校での調理実習

写真3　練習で作った炒め物

写真4　ふり返り

写真5　児童が家庭で作った「ジャガイモゴロゴロ」

写真6　児童が家庭で作った「肉じゃが」

（3） 授業結果と評価

① 授業結果から評価への枠組み作り

今回の題材のうち，以下に示したアサーションを2回終えた後で児童が書いたふり返りワークシート1は，冒頭に示した21世紀型スキルの創造性，批判的思考・問題解決・意思決定，学びの学習・メタ認知，コミュニケーション，コラボレーション（チームワーク）の力を評価するために，役立つと思われる。

○1回目でどんな気持ちになったか ⇒ メタ認知
○アサーションの学習後，2回目でどんな気持ちになったか ⇒ 問題解決，メタ認知，コミュニケーション
○ロールプレイをして難しかったこと ⇒ 学びの学習・メタ認知
○自分の家で気持ちのいい会話をするとしたら，「う～ん，むずかしいなぁ」と思うこと ⇒ 創造性，批判的思考・問題解決・意思決定

また，パフォーマンス課題についても以下のような評価項目を立てることができる。

○料理や食品名：創造性
○栄養バランスをチェック：批判的思考・問題解決・意思決定
○ふり返り：学びの学習・メタ認知
○家族からのメッセージ：コミュニケーション，コラボレーション

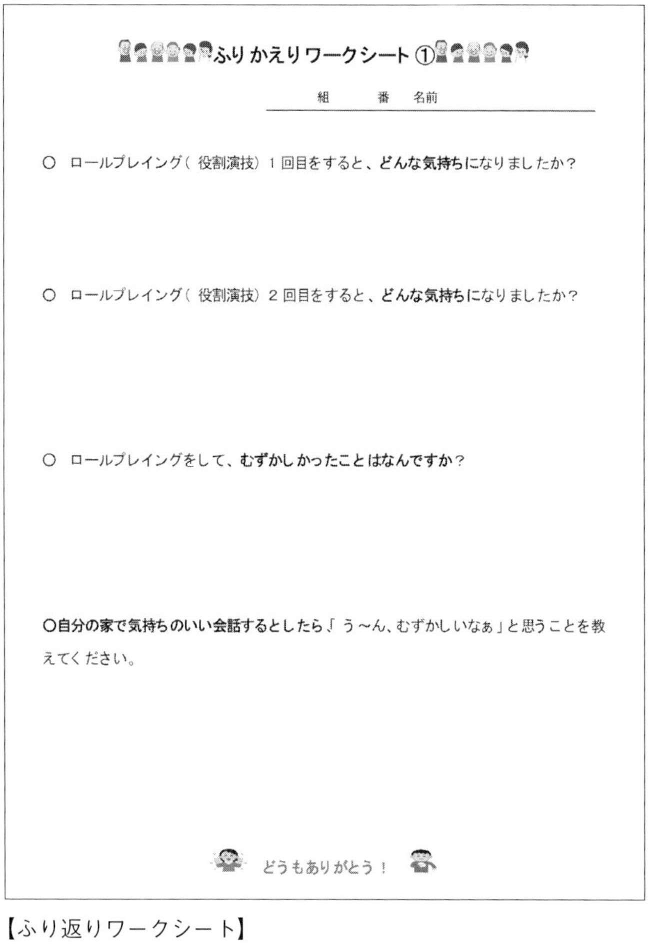
ふりかえりワークシート①

組　番　名前

○ ロールプレイング（役割演技）1回目をすると、**どんな気持ち**になりましたか？

○ ロールプレイング（役割演技）2回目をすると、**どんな気持ち**になりましたか？

○ ロールプレイングをして、**むずかしかったことはなんですか**？

○自分の家で気持ちのいい会話するとしたら「う～ん、むずかしいなぁ」と思うことを教えてください。

どうもありがとう！

【ふり返りワークシート】

　下記のパフォーマンス課題は，実際の冬休みに家族の食べたいものをインタビューし，みんなが喜ぶメニューを考えて実際に作り，自分でもふり返りながら家族からメッセージをもらうというものであった。

　載せきれなかったが，使った食材を6つの食品群に分けて栄養バランスもチェックしている。

② 　アサーションと食事作りを重ねて見えてきたこと

　アサーションによって「自分も相手も気持ちよい会話の方法」を学んだ児童は，ふり返り①の最後の質問で「自分の家で気持ちのいい会話をするとしたら『う～ん，むずかしいなぁ』と思うことを教えてください」という課題に答えているが，これはかなり家庭に踏み込んだ聞き方をしている

かもしれない。この質問で具体的な事象を回答した児童と，パフォーマン課題の内容とは，必ずしも単純に相関があるとは言えない。

　素直に「はんこうしたあと，どうすればいいかわからない」といった書き方や「むかついたとき」などの自分の家庭生活での課題を表明した児童は，児童が食事を食べた後の感想が「おいしかった」という感謝とともに「また作ってね」という保護者側のリアルな感想を添えられていることが多いように思われる一方，保護者からの感想をもらえていないあるいは筆跡からおそらく自分で書いているというものも見受けられた。

　最大限の配慮をしつつも，児童にネガティブな思いを抱かせていないか，常に省察をしていく必要がある。

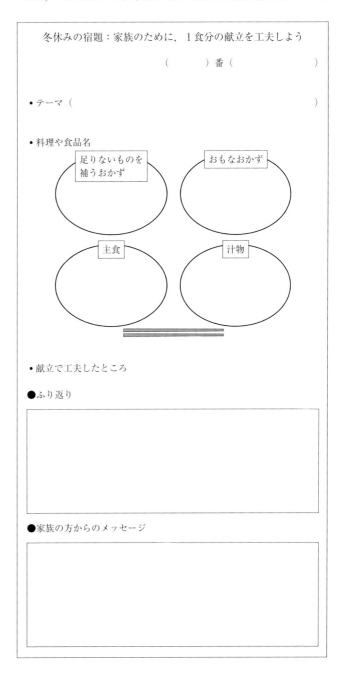

4．おわりに―バックキャスティングによる家庭科学習の可能性と今後の課題―

　今回の題材の構築は，3年前に本地区会が刊行したテキストで行ったアサーションを用いた授業「命と地球を守る家庭科の題材の重ね方―実感を伴った学習活動（ディープ・アクティブ・ラーニング）の試み―」の改良版である。家族と食をつなぐ試みを実感を伴ったものにするための工夫としてアサーションを導入し，逆向き設計により「家族のための食事作り」をパフォーマンス課題として実践をしたのであるが，設計者（筆者）が深く学ぶことへの配慮がたりなかったのか，自分の生活課題に直面することの厳しさを抱える児童と，その前で教師も苦悩する姿を垣間見ることとなった。

　今回，改訂版ではあらかじめ担当教員2名と提案者の3名で話し合う時間を設け，配慮を必要とする児童について，どのような配慮をしていくかを確認している。改良というには見えにくいものではあったが，実はこのことが最も重要な視点なのではないかと考えている。

　家庭科は，プライバシーに踏み込まないように配慮しながら授業を展開しつつ，よりリアルに児童それぞれの生活的自立を促していくというきわめてむずかしい課題にチャレンジし続ける教科ではあるが，それぞれの児童の家庭的背景を考慮に入れながら，それでも生活的自立ができることで，本人のレジリエンス（辛くてもへこたれない力，あるいは回復していく力）を高めていくことができることを，家庭科に携わる教員たちは自覚していく必要がある。多くの教師たちは「家族」を直接教えていくことに戸惑いを見せているが，ただ単に生活技術を教えていくのではなく，21世紀型スキルを組み合わせながら，「家族」と「食」を重ねることで，朝食を家で作ってもらえないような児童にとっても，あるいはそのような児童にこそ，自分で生活していく力をつけさせていくことができることの意義を改めて問いたいと思う。

　身体的暴力や言葉による暴力だけでなく，ネグレクトされている児童が教室にいることを自覚しながら，「配慮」を加えた「家族のための食事作り」は，これから何十年も生活し続けていく児童たちの一生ものの力となることを願って，多くの先生方にチャレンジしていただきたい。

【引用・参考文献】
P. グリマン・B. マグゴー・E. ケア編，『21世紀型スキル―学びと評価の新たなかたち―』北大路出版，2014
前掲書 p.iii
正保 正恵・上野 正恵，「命と地球を守る家庭科の大際の重ね方―実感を伴った学習活動（ディープ・アクティブ・ラーニング）の試み」日本家庭科教育学会中国地区会編『アクティブラーニングを活かした家庭科の授業開発―「深い学び」に向けて』，2017
Masae SHOUHO & Masae UENO, The lessons of "the meal for families" using activity "assertion" in the elementary school for the sustainable construction of relationships ARAHE TOKYO 2017
Masae UENO & Masae SHOUHO, Lessons to Nurture "Taisetsu (Precious)" for Real Life and Difficulties of Teachers (1) Exploring from "Absenting the Absence" ARAHE Hang Zhou 2019
Masae SHOUHO & Masae UENO, Lessons to nurture "Taisetsu (Precious)" for real life and difficulties of teachers (2) ARAHE Hang Zhou 2019
正保 正恵・伊藤 圭子・林原 慎，「小学校家庭科におけるロールプレイングを用いた授業が児童の自尊感情に与える影響」日本家庭科教育学会第53回大会レジュメ2010
ロイ・バスカー，式部 信訳，『自然主義の可能性―現代社会科学批判』晃洋書房，2006，同『科学と実在論―超越論的実在論と経験主義批判（叢書・ウニベルシタス）』法政大学出版局，2009，同『弁証法―自由の脈動』作品社，2015，など。その後，多くの著者らによって著書が出版されている。
正保 正恵・上野 正恵，「クリティカル・リアリズムにより創発される家政学・家庭科教育学のフロウリッシュな存在論―マージョリー・イースト『家政学の過去・現在・未来』を手がかりに―」『家政学原論研究』No.52pp.62-71他，2018
F. コルトハーヘン編著，『教師教育学　理論と実践をつなぐリアリスティック・アプローチ』学分社，2010他

■ 小学校　食生活

学校・子ども・家庭をつなぐ授業づくり

―一人でチャレンジ！　お昼ご飯とお弁当―

重枝　孝明（山口大学教育学部附属山口小学校），**西　敦子**（山口大学教育学部）

本研究のターゲット

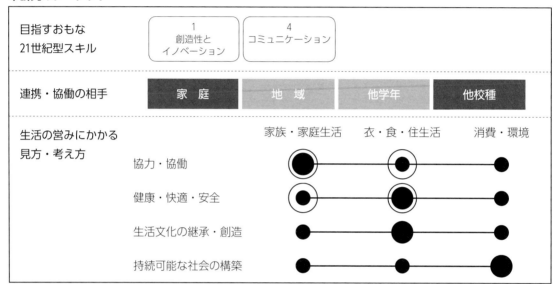

1．はじめに―**目的・方法**―

　21世紀型スキルを一言で言うなら，「他者との対話の中で，テクノロジも駆使して，問題に対する解決や新しい物事のやり方，考え方，まとめ方，さらに深い問いなど，私たち人類にとっての『知識』を生み出すスキル」（白水始2014）ということができる。その育成のポイントは，現在できないことに焦点を当てて，それを一つずつ修正していく「補充型アプローチ」ではなく，一人ひとりの児童生徒がもつ知識の基盤に対して，新しい知識を積み上げたり，学習の場を用意したりする「発達的アプローチ」が深いレベルの学習となると提唱されている。教師は，児童生徒自身が，今できることから学習活動が始まるような授業をデザインし，そこで新たな創造や目標を作り出していく過程を通して21世紀型スキルを発揮させ，その過程を評価して新しい能力や資質を獲得させていく方法をとることが効果的であるとも説明されている。

　本実践は，「一食分の食事をととのえることができる」を目標に，家族のために昼食を用意する活動と自分のお弁当をつくるという活動で構成している。「何ができるか」という視点からいえば，食べる相手を意識し，相手の健康や生活の状況，好みなどを考え，相手に喜んでもらいたいという意欲と，栄養バランスや調理法，食材選びなどの知識，自分一人で調理を行う段取り力や調理技術

を育成することがねらいである。一方，21世紀型スキルとの関係でいうと，アイデアを表現し，他者に働きかけて実行することは「思考の方法―創造性とイノベーション」に該当する。また，家族や異校種との交流は「働く方法―コミュニケーション」に該当する。ここでいうコミュニケーションとは，対人コミュニケーションスキルであり，(ア)情報を獲得し，(イ)その情報が何を意味するのかを理解し，(ウ)行動を起こすためにその意味を他者に納得できるように説明することである。本実践に当てはめると，(ア)情報の獲得は，家族から献立作成の留意点や好みなどをいかに上手に聞き取るか，(イ)情報の意味の理解は，インタビューや日常の会話から家族が望むことや自分に期待することを感じ取れるか，あるいは自分の気持ちを伝えられるか，(ウ)他者へ伝えるは，学校では友達と教師に，家庭では家族に向けて発表することであり，その手段としてワークシートに文字や絵や写真を貼り付けて分かりやすく表現すること，実際に調理して食事を提供することである。本稿は，これらを，発達的アプローチを用いて授業を構成し，資質・能力の育成について検証していくものである。

2．授業づくりの視点

　小学校家庭科の目標は「生活の営みに係る見方・考え方を働かせ，衣食住などに関する実践的・体験的な活動を通して，生活をよりよくしようと工夫する資質・能力を育成することを目指す」である。ここでいう「生活」とは，家庭生活，地域生活のことであり，家庭生活を大切にする心情を育み，家族や地域の人々との関わりを考え，家族の一員として，生活をよりよくしようと工夫する実践的な態度を養うには，家庭や地域と連携することが欠かせない。また資質能力とは，単なる知識及び技能にとどまらず，思考力，判断力，表現力や学びに向かう力，人間性まで含みこまれており，課題を解決する総合的な力の育成が求められている。

　その中で，学習指導要領解説には，子どもが課題を解決できた達成感や，実践する喜びを味わい，次の学習に主体的に取り組むことができるようにするために，以下のような学習過程を工夫することが必要であると示されている（表1）。

表1　家庭科の学習過程の参考例（一部改変）

①生活の課題発見	②解決方法の検討と計画		③課題解決に向けた実践活動	④実践活動の評価・改善		⑤家庭・地域での実践
既習の知識及び技能や生活経験を基に生活を見つめ，生活の中から問題を見いだし，解決すべき課題を設定する	生活に関わる知識及び技能を習得し，解決方法を検討する	解決の見通しをもち，計画を立てる	生活に関わる知識及び技能を活用して，調理・製作等の実習や，調査・交流活動などを行う	実践した結果を評価する	結果を発表し，改善策を検討する	改善策を家庭・地域で実践する

本題材では，②「解決方法の検討と計画」⑤「家庭・地域での実践」に焦点を当て，図1に示す連携の視点をもとに実践を行う。なお，本校は，国立大学の附属学校であり，様々な地域から子どもが通学してきている。特定の地域をもたないという特性を考慮し，本実践の連携は家庭のみとする。

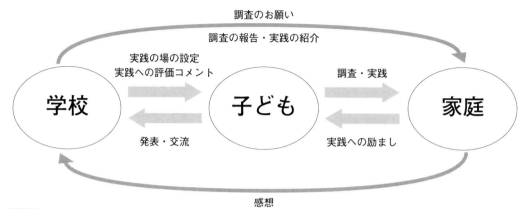

図1　本実践における家庭との連携の視点

（1）　課題解決に向けた家庭への調査活動

　本題材では，よりよい1食分の献立作成の方法や調理の方法を考えることを目標として学習を進める。子どもたちは，学校の授業で1食分の献立を考えたり，調理実習を行ったりすることで，栄養バランスを中心とした献立作成の方法や，衛生的で味のよい料理にするための調理の方法を見いだし，技能として身につけていく。しかし，子どもたち一人ひとりの家庭には，献立作成の考え方や調理の方法，食事の取り方など，家庭独自の文化がある。家庭科で大切なことは，授業で学習したことを家庭生活で生かすことである。そのためには，授業で得た知識及び技能や考え方を，各家庭流にアレンジすることが求められる。そこで，1食分の食事づくりの見通しをもったり，献立作成や調理を行ったりするときの参考になるように，家庭への調査活動を取り入れる。

（2）　家庭での実践の場の設定

　子どもが家庭生活に係る技能を身に付けたり，子どもに家族の一員として，家庭生活を大切にする心情を育んだりするためには，家庭での実践が不可欠である。そして，それは一度だけではなく，繰り返し行うことが望まれる。家庭生活で必要とされる資質・能力は，試行錯誤する中で高められていくからである。そこで，本実践では，食事づくりについて複数の実践の場を設定する。

3．授業実践

（1）　題材名　「一人でチャレンジ！お昼ご飯とお弁当」

（2）　題材の目標

○よりよい１食分の献立作成の方法や調理の方法を考えることをとおして，栄養バランスを中心とした献立作成や効率的な調理の方法を理解し，調理することができるようにする。

○日常の食事やその栄養バランスに関心をもち，家族の一員として，自ら家庭生活に関わろうとする態度を養うことができるようにする。

（3）　学習指導計画（全11時間）

学習指導計画

次	ねらい	学習活動・内容（評価の観点）
第一次	○学習の見通しをもつ（２時間）	○１食分の食事づくりの見通しをもつ ○家庭の食事づくりについて調べる ・１食分の食事に対する関心（態） ・課題の解決方法（思）
第二次	○１食分の献立作成の方法を考える （３時間）	○１食に必要な栄養について考える ○食材がもつ「味」について考える ○１食分の献立を作成する ・１食分の献立の栄養バランス（思） ・味の付け方（知） ・１食分の献立作成に対する関心（態）
第三次	○１食分の食事の計画を立て調理する （４時間）	○調理実習の計画を立てる ○買い物をする ○調理実習をする ・購入・調理に対する関心（態） ・調理の手順（知） ・材料に適した切り方，味の付け方（思）
第四次	○家族との食事の計画を立て実践する （２時間） ※食事づくりは家庭で取り組む ○弁当づくりの実践に取り組む（課外）	○家族との食事の計画を立てる ○食事づくりを行う ○学習を振り返る ・家族での食事に対する関心（態） ・楽しい食事にするための工夫（思） ・家庭にあった献立，調理の方法（思） ・食事のマナー（知） ○弁当づくりを行う

※下線は本書での報告部分

（4） 授業実践の実際

　授業実践の実際として，特に第一次と第四次の授業を以下に紹介する。

〈第一次〉

　第一次1時間目は，1食分の食事づくりの学習の見通しをもつことをねらいとした。子どもたちに，これまでの「食」に関する学習を想起させ，本題材が小学校の「食」に関する学習の集大成であることを伝えた。その後，1食分の食事づくりの学習の流れを確認し，「どのような食事にしたいか」と問いかけた。これは本題材で追究していく大きな問いである。子どもたちは真っ先に「おいしい食事」と答えた。続けて，「おいしい食事とはどのような食事なのか」と投げかけると，「味（好み）」に加えて，「栄養バランスが必要」「無農薬，国産」「色どり」などという答えが返ってきたが，答えることができたのは一部の子どもであり，全員が具体的なイメージをもつことは難しいようであった（図2）。そこで，この題材のゴールが「1食分の食事づくりの家庭での実践」であるということを学級全体で共有し，家庭での実践を見据えた学習にするために，各家庭での調査活動を行うことにした。調査内容は「家庭での食事づくりで気を付けていること」である。家庭での食事づくりで気を付けていることが分かれば，食事づくりの具体的なイメージをもつことができ，献立作成の方法や調理の方法を学習する際，さらには家庭での実践に生かすことができるのではないかと考えたからである。この家庭での調査活動は，家族へのインタビューとした。児童へは，インタビュー記録用紙を配付し，聞き取ったことを自らが記入するように指示した。家族からどれほどのことが聞き取れるかが，これからの学習の深まりを左右することに気付かせ，インタビューの方法について話し合った結果，次のような留意点を見いだした。

●インタビューのタイミング

　　食事の時に話題にする

　　食事の片付けなどを手伝いながら話題にする

　　お母さん（注：発言のまま）がくつろいでいるときに聞く　　　など

●インタビューの方法

　　「なぜ」「どうして」などと理由を聞き，対話するようにする

　　「○○（家族の返答）以外にもある？」と質問して，より多くのことを聞き出す　　　など

　家庭に対しては，教師から学級だよりで調査のお願いをした。一家庭平均5項目の回答を得ることができた。児童のインタビューに対する意欲は高く，メモを用意したり，インタビューの場を選んだりして工夫して取り組んだことが，のちに保護者から聞こえてきた。また，インタビューにはある程度の時間を必要としたが，多くの家庭の協力を得ることができ，深い感謝を感じた。

以下に，インタビュー調査のまとめの一部及びインタビュー記録用紙（図2）を示す。

1　献立作成に関すること

・一汁三菜になるようにする。
・和食の献立を多くとり入れる。
・赤・黄・緑の食べ物が偏らないようにする。
・旬の食材を取り入れる。
・材料の賞味期限を見て献立を考える。
・家族のリクエストになるべく応える。

2　買い物（食材選び）に関すること

・安心・安全な食材を使う。
・新鮮な食材を使う。（畑の野菜）
・国産，山口県産の食材を選ぶ。
・成分表示を確かめる。
・インスタント食品はできるだけ使わない。
・乾物を活用する。

3　調理・片付けに関すること

・塩分や油分を控えめにする。
・おかずを作り置きしておく。
・なるべく食材を捨てないようにする。
・電子調理なべなどを使い，手早く作れるようにする。
・まな板を用途によって分ける。

4　その他

・遅い時間にならないようにする。
・季節によって食材や食器を変える。
・なるべく家族で一緒に食べる。

○家の人に「家庭での食事づくりで気を付けていること」について
聞いてみよう。

材料選び
・国産のものや山口県産のものを選ぶようにしている。
→生産者の顔がわかるものや，産地がわかるため，安心かつ安全だから。
・添加物を含まないものや，遺伝子組みかえでないものを選ぶようにしている。
→これも安心安全のため。特に遺伝子組みかえについては，それをすることで例えば虫が寄ってこない植物になっている。でもそれは，虫食いの被害を受けないという利点はあるけど，長い年月ずっと食べてきた植物とは異なるため，長い目で見た時の安全性はよくわからないから。
・栄養など，成分表示を確かめる
→同じ食品の分類であっても，商品によって成分がちがう。今，家族にとってとりたい栄養素（私ならカルシウム），ひかえたい栄養素（お母さんなら油など）を見極めている。
・目利き（めきき）
→お母さんはお肉が苦手なので，これはやわらかくておいしいぞ!!というようなお肉を選ぶ。（あぶら身の入り方や赤身とのバランス）また，野菜やお魚などは，新鮮なものを選ぶ。

作る時
・手を必ず洗ったり，ほうちょうやまな板など，衛生面に気をつけている。
→食中毒を防ぐ。
・栄養バランスに気をつけている。
→栄養素が例えば，炭水化物だけとかにかたよらないようにしている。こうするることで，バランスのよい身体づくりにつながる。
・塩分や油分をひかえ目にしている。
→塩分のとりすぎや油分のとりすぎは，成人病（高血圧や肥満など）につながるので，将来的にこういう病気にならないように減塩のものやコレステロール０の油などを使ったり，ダシなどで味を濃厚にするように工夫

図2　家族へのインタビュー記録用紙

第一次2時間目に，子どもたちが調査したものをもとに，もう一度食事づくりについて考えた。すると，栄養，味付け，調理の方法さらには食事の仕方といった様々な視点が生まれ，食事づくりを考えていく上で必要なことを明確に，かつ具体的にイメージすることができた（図3，4）。この視点は，二次以降でのよりよい食事づくりの方法の追究において立ち返るものとなり，学習に生かされることになった。

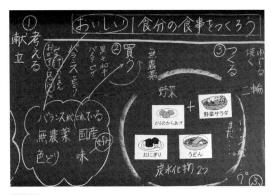

図3　1時間目板書

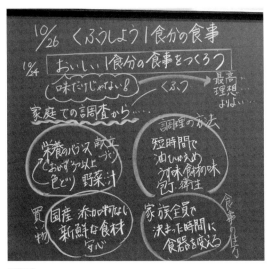

図4　2時間目板書

〈第四次〉

　第四次では，家族との食事の計画を立て，子どもがそれぞれの家庭で実践した。

ア　昼食づくり

　「1食分の食事をつくり，家族と食事をする」という本題材を学習のゴールとして位置付けた。第四次1時間目で家族との食事の計画を立て，その後2週間の期間を設けて実践を行うように促した。家庭には，本題材の学習中，複数回にわたってねらいや学習の様子を学級だよりで伝えるようにし，題材の終盤に，家庭での実践を励まし，見守ってくださるようお願いした。図5（次項，以下同様）のA児は，これまでの調理実習で作ったことのある料理をもとに献立を作成し，実践を行っている。「調理実習での失敗をいかし，食材や調味料の分量を間違えずに調理することができた」と振り返っていた。また，図6のB児は，作ったものはホットドッグと簡単なものであるが，家族からの一言に「私達の短い昼休みに合わせて昼食を作ってくれました」とあり，自宅で自営業を営む両親の状況から，昼食は短時間で手軽に食べられるものが好ましいと考えて献立を作成し，食事づくりを行っていることが分かる。さらに，図7のC児の実践には，「家にある食材を組み合わせて，それに栄養バランスをしっかり考えて料理をするのが大変だった」という記述が見られ，家庭にある食材を用いて献立を作成した様子が分かる。この発想は，冷蔵庫を見て献立を決めることのできる構想力を育成することになり，次の家庭実践につながっていくと考えられる。このように，子どもたちは，授業で学習したことをもとに，家族の好みや生活時間，実態などを考慮に入れて，自分の家庭流にアレンジして実践を行った。これら視点は家庭科の学習においてとても大切で

あると考える。また，本実践においては，レポートへの教師からのコメントに配慮した。「学校での学習を生かしていること」「各家庭流にアレンジしていること」「次への実践を意識していること」などについて価値づけ，励ますようにした。そうすることで，子どもたちにとって，この実践がただの経験にとどまらない，家族の一員としての役割の意識を高めるものになると考える。

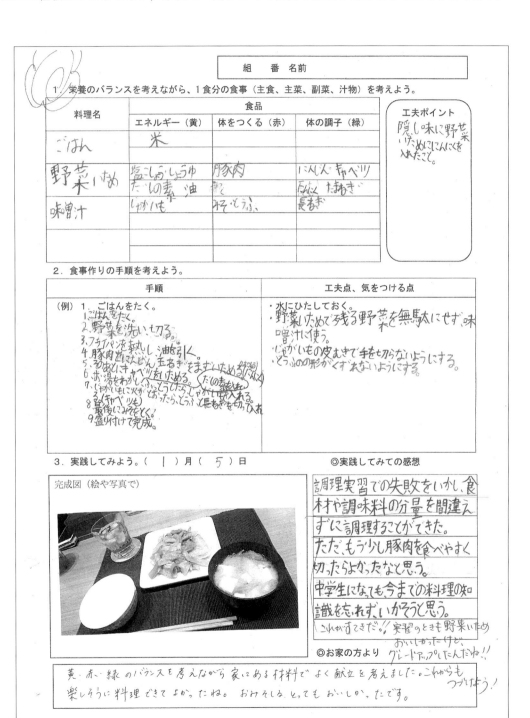

図5　A児の実践

私達の短い昼休みにあわせて昼食を作ってくれました。
野菜もしっかり入っており おいしく 食べました。

図6 B児の実践

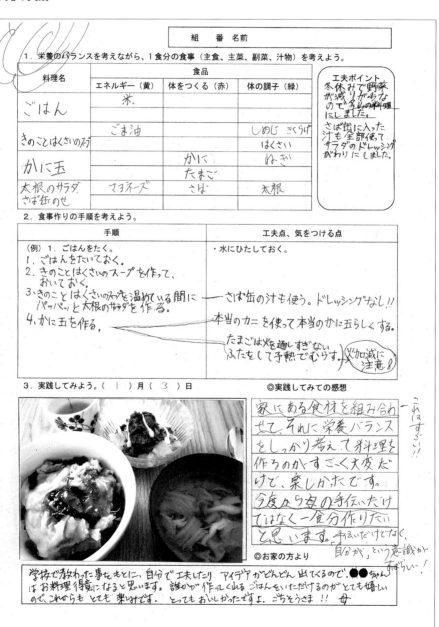

図7 C児の実践

イ　弁当づくり

　本題材では，1食分の食事づくりに加えて，弁当づくりにも取り組んだ。山口大学教育学部附属山口学校園（附属幼稚園，附属山口小学校，附属山口中学校）は，現在，幼小中一貫教育に取り組んでいる。その中で，園児児童の交流活動として，「ランチ会」を行った。このランチ会を実践の場の一つにしたのである。家庭での食事づくりと弁当づくりでは，献立，調理を行う時間帯，調理にかかる時間など，様相が異なる部分が多くあり，子どもたちにとってやや難しい課題ではあったが，子どもたちは，弁当に合う献立を考えたり，前日の夕食に作ったおかずを弁当に入れたりするなど，工夫して弁当づくりを行った（図8，9）。この弁当づくりには，多くの子どもが，これまで授業で扱った卵料理を作っており，学習を生かそうとする姿が見られた。ランチ会では，園児に自分の作った食事を見せ，「おいしそう」と言われたり，どのようにして作ったのかを話したりするなど，自分で弁当を作ったことの達成感や喜びを感じていたようであった（図10）。同時に，場を楽しくする，コミュニケーションを円滑にするという食事の役割も再認識することができた。

授業で学習した
卵料理

図8　児童の作った弁当①

前日の夕食に
作った揚げ物

図9　児童の作った弁当②

学校で習った卵焼き
を作ったよ。昨日の
夕ご飯のおかずも
入っているよ。

お弁当，自分で作っ
たの？　すごいね‼
何を作ったの？

図10　園児さんとのランチ会の様子

4．本実践のまとめ

　子どもたちが授業で学習したことを家庭生活で生かすこと，そしてその中で家庭生活に必要な知識と技能を身に付けたり，子どもに家族の一員として，家庭生活を大切にする心情を育んだりすることを目標に，家庭との連携を視点に本実践を行った。

　学習の見通しをもつ段階において，食事づくりについての調査を行うことで，自分の家庭の状況を考えながらその後の学習を進め，題材後半の家庭での実践につなげることができた。家族へのインタビューは，家族との対話を深め，日々何気なく食べている食事に家族の願いや愛情が温かく注がれていることを実感する手立てとなった。

　家庭での実践では，子どもたちの多くが，自分の家庭に合わせて，献立作成の方法や調理の方法を工夫しようとしていた。また，複数回，実践の場を設定することで，これまで学習したことや前回の実践の反省を生かしたり，家庭での食事づくりと弁当づくりという様相の異なるものを経験する中で，試行錯誤などをすることができたことは，成果として挙げられる。そして，振り返りから「おいしい味付けができた」や「包丁が上手に使えた」といった技能面の向上にとどまらず，「普段の食事のありがたみを感じた」「いつも食事を作っている親はすごいと思った」「これからも機会を見て取り組みたい」などの家族や家庭生活を振り返り，大切にしようとする心情が見られたことも大きな成果である。これらは，発達的アプローチを基本とした授業構成による成果と言ってよい。さらに家庭には，学級だよりで実践を紹介することで，子どもの食事づくりへの啓発を図ることができた。

5．今後の課題

　一方で課題もいくつか見出せた。一つは，知識の定着に関する課題である。授業3カ月後に「昼食とお弁当づくり振り返りシート」を記入させたところ，調理の際の注意点や調理の技法では85％が正答，教科書に掲載されている料理7種類すべてを一人で作れるかを問うた問題では75％が「できる」「少しの手助けがあればできる」と回答しているのに対し，5つの栄養素とその働きについて13問全て正解した者は35％であった。調査の実施が栄養学習を行ってから1年余り経過した時期であったという状況を考慮しても，知識の定着率は低いと言わざるを得ない。知識の定着については，ゲームなどを活用した繰り返し学習や，常設掲示を利用した視覚刺激などで，継続的に学ばせることが必要であると改めて確認できた。

　二つ目は，継続性である。今回，複数回実践の場を設定したが，目指すのは，子どもたちが今後も継続して家庭での食事づくりに関わっていくことである。単発の実践ではなく，「食事づくり週間」「私の食事の日」などを設定するなどして，少しずつ児童が家庭内で担う役割を多くしていくことが必要であると感じる。

　三つ目は，家庭や地域との連携である。子どもが，学校で学習したことを生かしながら家庭の仕事を担っていくためには，より一層，学校と子ども，家庭の三者がつながっていくことが求められる。地域連携について，本実践は国立大学の附属学校で実施したことから，子どもの通学区域が広範囲であり，それぞれの子どもが居住する地域との連携が困難であったことは既に報告した。家庭

との連携については，一般的に，学校から家庭へお願いや依頼をすることは多い。「〜を用意してください」「お集まりください」「お子さんと話し合ってください」「〜をお手伝いください」のような文面の通信である。家庭からの支援に対しては，学校からお礼のお便りを文書で配付する。形としては，双方向のようにも見えるが，家庭からの支援に対して十分な返答をしているか振り返ってみる必要がある。家庭に対して，ただ学級だよりや家庭科だよりで授業内容を伝えるだけではなく，調査を行った場合には結果をお知らせしたり，実践に協力してもらった場合には感謝や労いの意を表したりすることが必要である。さらに，参観日等で家族参加の調理実習など，協働する機会を設定することも考えられる。子どもに対しては，家庭での実践を行った際にもらった家族からのコメントをもとに，日頃の行為に感謝し，さらなる実践を働きかけていくことが大切である。

　今後も研究を進め，家庭や地域と連携・協働しながら子どもの資質・能力を育成していきたい。

【参考文献】
P. グリファン，B. マクゴー E. ケア編，三宅 なほみ監訳，「21世紀型スキル 学びと評価の新たなかたち」
　　北大路書房，2014
文部科学省，小学校学習指導要領解説　家庭編，東洋館出版，2018

地域の方と作るだしを生かした
山口県の雑煮の授業開発

森永　八江（山口大学教育学部），河村　尚代（周南市立岐陽中学校）

本研究のターゲット

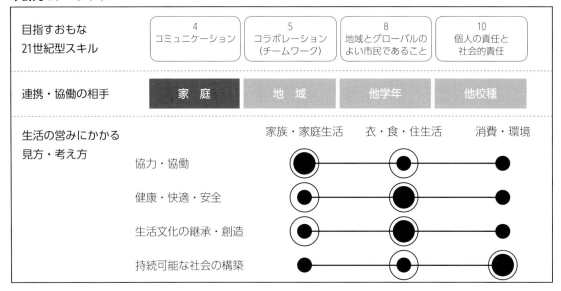

1．はじめに

　21世紀型スキルのうち，コミュニケーション，コラボレーション（チームワーク），地域とグローバルのよい市民であること（シチズンシップ），個人の責任と社会的責任（異文化理解と異文化適応能力を含む）との関連をふまえ，地域と協働する授業について研究・実践を行った[1]。

　指導要領との関連は，A家族・家庭生活　⑶家族・地域との関わり　ア⑷家庭生活と地域との関わり，高齢者との関わり方，イ家庭関係をよりよくする方法及び地域の人々と協働する方法の工夫，B衣食住の生活　⑴食事の役割と中学生の栄養の特徴　ア㋐食事が果たす役割，⑶日常食の調理と地域の食文化　ア㋓地域の食文化，地域の食材を用いた和食の調理である[2]。

　解説書では，B⑴ア㋐については，食事を共にする意義や食文化を継承することについても扱うこと，B⑶ア㋓については，だしを用いた煮物又は汁物を取り上げること，また，地域の伝統的な行事食や郷土料理を扱うこともできることとある[3]。

　本題材は，地域の食材を使った郷土料理や行事食について考え，調理実習を通して，食には文化を伝える役割や地域の食材を生かすことの大切さがあることを理解し，食生活をよりよくしようとする態度を身に付けることを目標とした題材である。中でも行事食は，季節折々の行事やお祝いの日に食べる特別な料理である。そして，旬の食材を取り入れたものも多く，季節の風物詩の一つでもある。また，昔は季節の変わり目は体調を崩しやすいため，この「ハレの日」にご馳走を食べることで，体に栄養を与え，賢く乗り切る先人の知恵があった。しかし，現代は手軽にご馳走を摂ることができたり，行事食よりおいしいものを食べることができたりするため，行事食の大切さを理解することが難しい。行事食の一つ，正月に食べる雑煮の調理実習をすることは，各地方，地域によって調理方法が異なり，先人の願いが込められ受け継がれてきたことを理解し，和食のだしについても学ぶことができる。そのことから，地域の食材を生かした行事食を調理することは，子どもの将来の食生活をよりよくするために大切であると考えた。

　21世紀型スキルの，コミュニケーション，コラボレーション（チームワーク）は班員や地域の方と一緒に調理実習をおこなうことで，地域とグローバルのよい市民であること（シチズンシップ）と個人の責任と社会的責任（異文化理解と異文化適応能力を含む）は地域の雑煮を知り，作ることにより郷土愛を育み，自らの文化を知ることにより，シチズンシップ，異文化理解と異文化適応能力が身に付くと考えた。

　さらに，地域の方と一緒に調理実習をおこなうことは，山口県の推進するコミュニティ・スクールの取り組みにもつながる。

２．授業実践　―地域の食材を生かした調理をしよう―

（１）　**対象**：山口県周南市立Ａ中学校２年生６クラス197人

（２）　**授業実践期間**：2019年10月〜2020年１月の８時間

（３）　**目標**
　①行事食の一つの雑煮の作り方，歴史や由来を知り，調理計画を立て実践することができる。
　　（知識及び技能）
　②実習では，地域でよく食べられている雑煮の調理実習に取り組み，その調理計画を立て実践することができる。（**思考力，判断力，表現力等**）
　③地域の食材を生かした行事食や郷土料理，日常食に興味・関心をもち，家庭生活で実践していこうとすることができる。（**学びに向かう力，人間性等**）

（4） 指導計画（総時数　8時間）

次	学習活動・内容	主　眼	見方・考え方
一次 7時間 （本時 3／7）	○周南市の「なし」の皮むきを通して，地域の特産物を知ろう ・「なし」の皮むき ・「なし」の実食 ○地域の食文化について知ろう	○周南市の「なし」を味わうことを通して，地域の特産物について興味・関心をもつことができる。 ○郷土料理，行事食について知ることを通して，地域の食文化について理解することができる。	【健康・安全】 ・特産物の良さを知ること ・地域の食材を選択すること ・自分の食生活について考えること
	●だしについて考えよう ・だしの取り方 ・混合だしの相乗効果 ○「山口県の雑煮と栗きんとんを作ろう」 ・調理計画 ・雑煮と栗きんとんの調理実習	●だしの試飲を通して，だしのよさ，おいしさについて考え，だしの取り方を理解する。 ○「雑煮」と「栗きんとん」の調理計画を通して，調理手順やエコクッキングについて理解する。 ○「雑煮」と「栗きんとん」の調理実習を通して，だしのおいしさを実感することや行事食，エコクッキングについても考えることができる。	【生活文化の継承・創造】 ・行事食を調理実習すること ・身近な食材を用いて調理実習すること
	○行事食，郷土料理について調べよう	○行事食や郷土料理について調べることにより，地域の食文化の意義について理解することができる。	
二次	○これからの食生活について考えてみよう	○これまでの調理実習の振り返りを通して，これからの食生活について考えることができる	

（5）　指導上の留意点

○題材の導入時に郷土の特産物である「なし」の皮むきテストを行い，地域の食材を知り，食べることで興味・関心を高めさせる。

○だしと行事食の1つの雑煮について理解できるよう，調理実習を行う。

○題材の最後には，郷土料理や行事食について調べ，発表し，これからのよりよい食生活について考えさせる。

（6）　本時について（3／7）

　本時におけるつかませたい問いは，子どもの「だしのよさはなんだろう」「素材からとっただしの良さはなんだろう」である。近年では，身近によい食材があるにもかかわらず，加工食品を使って調理を済ませることが多い。そのことから，自分の食生活について振り返ることで，これからの食生活を豊かなものにしてもらいたいという思いがある。

　そこで，正月も近いことから，行事食の一つの雑煮の調理実習をすることにした。正月に食べる料理であるため，一番おいしいと思うだしを使いたいと考えた。その雑煮の時に使うだしのうま味について味わうことや知ることで，身近な食材を使うことのよさについて考えさせる。そして，そのだしを使い，この地域でよく食べられている雑煮を作る。そして，この問いは「健康・安全」と「生活文化の継承・創造」という視点の見方・考え方を働かせ，解決していく。

　①**主眼**　だしの試飲を通して，だしのよさ，おいしさについて考え，だしの取り方を理解する。

　②**本時案**

学習活動・内容（発問）	予想される子どもの反応	指導上の留意点	分
1．だしのうまみについて考える 　2つのだしを飲み，何のだしか A　こんぶだし（水の2％） B　かつお節（水の2％）	ア．Aはこんぶの味がする イ．Bはかつお節の味がする ウ．Aは塩の味がする エ．Bはうどんのだしのようだ オ．臭い，まずい	・味には5つの味があることを知らせる ・だしにはうまみがあることを知らせ，A，Bのだしを試飲させる ・試飲をした後，感想を聞き，何でとっただしであるかを考えさせる	
混合だしの味はどうか C　こんぶとかつお節の混合だし ・だしの相乗効果を確認	ア．3つの中で一番おいしい イ．風味が良い ウ．2つを混ぜるとおいしい	・だしの相乗効果を確認させるため，昆布とかつお節のだしの混合だしを試飲させる。	15
素材から取っただしのよさは何か	ア．風味が強い イ．自分でだしの濃さをかえられる ウ．自分が作っているので安心 エ．余計なものが含まれない	・顆粒だしの品質表示を紹介することで，顆粒だしには，塩分，糖分などが含まれていることを知らせる ・ABのだしの感想後にCを試飲させ感想を聞く ・だしには減塩効果があることを知らせる	30
2．混合だしの取り方を知る	ア．意外と簡単 イ．できそうだ	・映像と教科書の写真で説明し，プリントにまとめさせる	
3．雑煮のアンケートをとる ・自分が食べている「雑煮」はどんなものか	ア．しょうゆ味だったが，何のだしだろう イ．味噌味だった ウ．おもちは丸かった	・次の時間は一番おいしかった混合だしを使った，雑煮の調理計画をすることを知らせておく ・わからないアンケートの項目は家族に聞いて提出することを知らせる	50

　③**評価**　だしの試飲を通して，だしのよさ，おいしさについて考え，だしの取り方を理解することができる。

（7）生徒の実態

①試飲の後の感想

A （こんぶだし）の感想

・こんぶの味がした　・味が薄く感じた　・しぶい　・磯っぽい味
・よくわからなかった　・あまりおいしくなかった。　・味がきつい
・色が薄い　・苦みがある　・塩気がした　・ちょっとぬめりがあった

B （かつおだし）の感想

・かつお節のだし　・家の味　・かつお節の味がした　・飲みやすかった
・魚っぽい匂いがした

C （混合だし）の感想

・一番薄味であった。給食でも出たことがあるような味だった
・とてもうまく味が濃かった　・混合することで，味のよさが引き立った
・混合にすることで，うま味と塩味が上がったように思われた

その他感想

・だしはおいしいイメージだったが，だしだけではおいしいとは感じられなかった。でもだ
　しを使った料理はおいしい。
・味の違いは良く分かった。
・においで分かった。
・正直あまり違いがわからなかった。少しずつ特徴がわかって，言われてみればみたいな感
　じで，理解することができた。

　生徒は，9月に周南市の特産物の「なし」の皮むきテストを行い，実際に食することで，身
近に旬でおいしい食材があることが実感できた。そして，本時では，雑煮を作る時にだしを使
うため，和食の特徴でもあるだしのうまみについて考えさせた。その際，食べ慣れていると
思っていただしの試飲では，なしの時のような「おいしい」という感想は少なかった。

②「雑煮」のアンケートの結果

　「雑煮」のアンケートをしたところ,「雑煮を正月に食べるか」では,ほとんどの子どもが「はい」と答えた（図1）。そして,「何県の雑煮か」では,「山口県」と答える生徒は少なく,空欄が多かった。一番よく食べられている雑煮は,すまし仕立ての焼かない丸いお餅が入っているものが多く,だしは,かつおだしが多く,次に煮干しだしが多かった（図2〜4）。

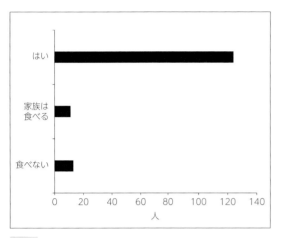

図1　雑煮を食べるか

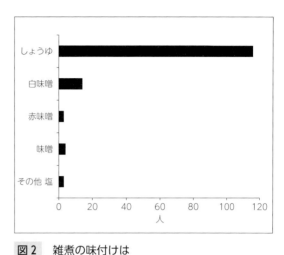

図2　雑煮の味付けは

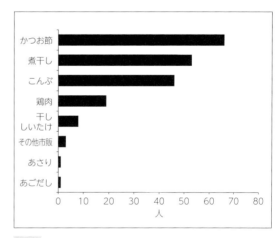

図3　雑煮のもちは

図4　雑煮のだしは

3．「雑煮」の調理実習

（1）作り方

①雑煮

【材料（4人分）】

こんぶ	12g（水の2％）
かつお節	12g（水の2％）
水	680ml
鶏肉（ささみ）	100g
かぶ	50g（小かぶ1個）
にんじん	40g
しいたけ	1枚
三つ葉	適宜
ゆず（皮のみ）	適宜
薄口しょうゆ	大さじ2
丸もち	4個
かまぼこ	4枚

【作り方】

①こんぶとかつおの混合だしをとる。

②材料を切る。かぶは皮をむいて輪切り，にんじんはいちょう切り，しいたけは4等分，鶏肉は一口大に切り，三つ葉は食べやすいように切り，かまぼこは薄切り，ゆずは皮を薄くむき，細く切る。

③だしの中ににんじん，鶏肉，しいたけを入れて煮る。

④③が煮えたら，鍋にかぶ，もち，かまぼこを入れ煮る。

⑤しょうゆで味つけをする。

⑥お椀に具をおき，上に三つ葉，ゆずをそえ，汁をかける。

②栗きんとん（地域の方のレシピ）

【材料（4人分）】

さつまいも	200g
栗の甘露煮	1/2瓶（栗4～5個）
シロップ	50g（1/2瓶）
くちなしの実	

【作り方】

①さつまいもを1cmぐらいの輪切りにし，厚く皮をむく。

②さつまいもを水にさらす。

③さつまいもを鍋に入れ，かぶるぐらいの水を入れて火にかけ，クチナシの実と一緒に煮る。

④さつまいもが柔らかくなったら，クチナシの実を取り，木べらでさつまいもをつぶす。

⑤甘露煮のシロップを入れ，弱火で練る。

⑥盛り付けて，上に栗を置く。

（2）地域の方の協力によるエコクッキングについて

　「雑煮」とおせち料理のひとつである「栗きんとん」の調理実習を行った。その際に，地域の食生活推進協議会の会員4人が，生徒と共に調理実習をした（写真1）。また，地域の方が「栗きんとん」を作る際に出る，さつまいもの皮をかりんとうにし，だしをとった後のこんぶとかつお節で佃煮を作った（写真2）。これを，エコクッキングのひとつとして紹介し，食材を余すところなく使い切ることができ，おいしいものが作れることが生徒にもわかったようだ。かりんとうは雑煮と一緒に食べ，佃煮は給食の時に，ご飯と一緒に食べた（写真3～4）。どちらも生徒に好評であった。

写真1　調理実習の様子

写真2　地域の方がかりんとうを作っている様子

写真3　出来上がった雑煮と栗きんとん

写真4　生徒の試食の様子

（3）調理実習後の感想

・家でも作って，年末年始は母や祖母の手伝いができるようにがんばっていきたい。

・準備をしっかりすることができ，料理中にわからないことがあれば，食推さんに聞いて，おいしく作ることができた。

・盛り付けを失敗して，見た目があまりよくなかった。だしの取り方などあまり分からなかったので，しっかりだしの取り方などをしっかり覚えて次に生かしたいです。

・私はお雑煮が苦手だったけれど，おいしく作ることができました。今度家で作ったりしようと思いました。

・衛生に安全に作れたのでよかった。

・お雑煮はとてもゆずの風味がした。栗きんとんは手軽にできるので，年末に作ってみようかと思いました。

・地域の方のおかげで，簡単に早く作ることができてよかった。

・家でもめったにだしから作らないので良い経験ができた。味つけも良かったので，また作りたい。料理の意味もわかったので，正月に食べる時，思い出しながら作りたい。

・味は濃すぎず，薄すぎずでよかった。

・調理実習では4人で作りましたが，正月に母が一人で台所にたって作っていたので，料理をする大変さがわかりました。感謝して食べたいと思います。

・お雑煮は塩分濃度も良く，大根人参もやわらかくおいしかった。ゆずがアクセントになっていてよかった。

・お雑煮はだしの味が良くおいしかった。

・行事食を食べる機会があまりないので，家で作って食べてみたいです。

・盛り付けや味付けについても見栄え良く，素材の本来の甘さやうま味を味わうことができたように感じる。また，授業でおせちに込められた願いや工夫を知ることができた。昔の人の知恵を感じた。

・さつまいもの皮もおいしかったです。

・さつまいもを煮る時にくちなしの実を入れて黄色くなったのでびっくりした。かぶと人参が紅白でとても縁起が良いなと思った。

・お雑煮は正月にいつも食べていたけれど，家でたべるのと少し違っていた。だしもよく出ておいしかったです。

・だしが意外とうまくでき，おいしかった。

（4）地域の食材を生かした調理についてのレポート

　冬休みの期間に，2学期主に学習した，行事食，郷土料理，エコクッキングの中から自分が興味のある題材を一つ選び，調べ学習として課題を出した（資料1）。そして，3学期になり，発表をしている。

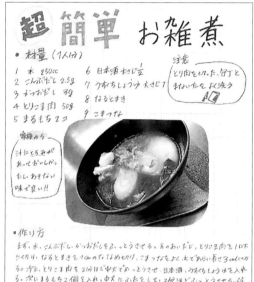

資料1　家庭学習（課題レポート）

４．授業の成果と考察

（１） 1時

　地域の食材を使ってのなしの皮むきは，包丁の使い方の技能を見ることと同時に，地域の特産物のおいしさを知ってもらうために取り組んだ。技能テストの緊張の後のなしの味はおいしいという声が多くきこえた。

（２） 2時

　知っている郷土料理，行事食についての知識について授業を行った。「けんちょう」については良く知っていた。また，「瓦そば」もよく知っていた。「ちしゃなます」，「いとこ煮」は知っているもの，食べたことがある者は少なかった。行事食については，正月，節分，土用の丑の日についてはよく知っていた。この行事については，企業の宣伝が多いためよく知っているのだと考えた。ひなまつり，端午の節句の行事食については，意外に知らなかった。冬至に食べるかぼちゃについては，知らない者が多く，時期の近いハロウィンと間違えている者もおり，行事食も企業の宣伝による影響が多いと考えた。

（３） 3時

　「だしの試飲の授業」では，うまみを味わってほしいのだが，試飲をする前から，「まずそう」「くさい」という声から始まり，試飲をした後も「まずい」と言う声が聞こえた。味わい慣れていないのか，味についての感想が表現しにくいのかと考えた。しかし，混合だしのおいしさには気付けたようだった。素材から出るだしのおいしさに気付いてほしいため，昨年度は，顆粒だしの試飲との比較をした。その時は，顆粒だしの方がおいしいと感じる者が多かったため，今年度は顆粒だしとの試飲の比較はやめ，品質表示のみを提示をすることで，素材からとるだしのよさを気付かせた。素材からとるだしは，だしをとった後の素材について，これをゴミとせず，有効利用するアイディアを思いついてほしいところである。この時間には問うことはしなかったが，調理実習をする際に，地域の方がさつまいもの皮でかりんとう，だしがらで佃煮を作ったことにより，生徒の今後の学習につながったのではないだろうか。

（４） 4時～6時

　「雑煮」の計画，「雑煮」の調理実習をした。地域の食生活推進協議会の会員を招いての調理実習であった。地域の方の中でも，周南市出身の方，山口県でも違う市の出身の方がおり，雑煮の作り方が少しずつ違っていた。そこで，アンケート結果，地域の方及び著者が食べている雑煮を参考に作り方を検討した。だしは，だしの試飲で一番おいしいという意見の多かったかつお節とこんぶの混合だしとした。3時間目の授業の時に，「まずい。臭い」とか言っていた生徒も，「おいしい」という感想が出ていた。

（5）おわりに

　これまで、「健康と食生活」の題材で、日本人の食事摂取基準（2015年版）に対応した減塩を目的としただしの授業開発、「地域の食材と郷土料理」の題材で「郷土料理の未来」や「地域の食材を生かした調理をしよう」の授業実践を行ってきた[4) 5) 6)]。さらに、「地域の食材と郷土料理」に関し、「山口県における郷土料理の意識と実態」についての調査研究も行った[7)]。本稿はこれまで行ってきた「健康と食生活」と「地域の食材と郷土料理」の授業開発、実践を生かした授業開発と言える。3学期初めの授業で雑煮を作ったか聞いたところ、作った生徒がクラスに3，4人おり、さらなる家庭生活での実践に期待したい。

【引用文献】
1）P. グリフィン，B. マクゴー，E. ケア，監訳：三宅 なほみ，翻訳：益川 弘如，望月 俊男，21世紀型スキル　学びと評価の新たなかたち，p.22-23，北大路書房，2014
2）文部科学省：平成29年3月告示　学習指導要領，2017
3）文部科学省：学習指導要領（平成29年告示）解説　技術・家庭科編，2017
4）西 敦子，森永 八江，中井 克美，河村 尚代，五島 淑子，日本人の食事摂取基準（2015年版）に対応した中学校家庭科「健康と食生活」の授業開発，山口大学教育学部・附属教育実践研究紀要，15，pp.139-148，2016
5）西 敦子，中井 克美，河村 尚代，森永 八江，星野 裕之，山本 善積，五島 淑子，中学校家庭科「地域の食材と郷土料理」の授業開発－附属山口中学校における「郷土料理の未来」の授業実践－，山口大学教育学部・附属教育実践研究紀要，16，pp.135-142，2016
6）西 敦子，河村 尚代，中井 克美，森永 八江，星野 裕之，五島 淑子，調理実習を主軸とした「地域の食材と郷土料理」の授業開発　附属光中学校における「地域の食材を生かした調理をしよう」の授業実践，山口大学教育学部附属教育実践総合センター研究紀要，46，pp.11-19，2018
7）森永 八江，中井 克美，河村 尚代，西 敦子，星野 裕之，西尾 幸一郎，五島 淑子，中学校家庭科「地域の食材と郷土料理」に関する研究－山口県における郷土料理の意識と実態－，山口大学教育学部附属教育実践総合センター研究紀要，48，pp.115-121，2019

安心・安全な住まい方について
新たな視点を見つけよう

藤井　志保 (広島大学附属三原中学校), 伊藤　圭子 (広島大学大学院人間社会科学研究科)

本研究のターゲット

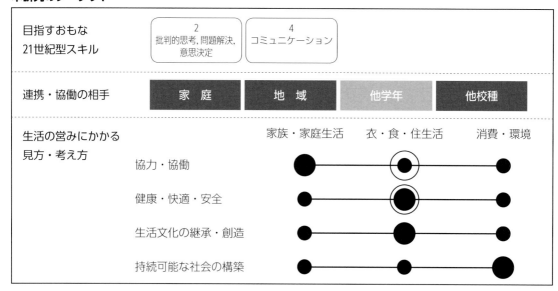

目指すおもな 21世紀型スキル	2 批判的思考, 問題解決, 意思決定	4 コミュニケーション

| 連携・協働の相手 | 家　庭 | 地　域 | 他学年 | 他校種 |

生活の営みにかかる
見方・考え方

	家族・家庭生活	衣・食・住生活	消費・環境
協力・協働	●	◉	●
健康・快適・安全	●	⬤	●
生活文化の継承・創造	●	●	●
持続可能な社会の構築	●	●	●

1．はじめに

　21世紀型スキルのうち，コミュニケーションと問題解決との関連をふまえ，家庭・地域と連携する授業について研究・実践を行った。家庭科では，生活に必要な知識・技能を単に習得するだけでなく，生活において科学的認識を「なぜ必要か」「どのように生かすか」ととらえ，さらに「相手はどんな状況にあるか」という実践的・体験的な生活的価値の交流までを行っている。そして，家族や仲間，あるいは地域の人，専門家などの他者との対話を重視し，他者と協働しながら生活課題を解決し，よりよい生活を創り出していくことのできる「生活実践力」を育成している。

　本論での授業実践は学習指導要領との関連から，主体的に取り組む態度として，家族・地域の中で暮らしている自分を意識し，他者と関係を築きながら，柔軟に意思決定をしようとする「人間味溢れる豊かな感覚と意思決定力」の育成をめざす。思考力・判断力・表現力としては，現在の生活での課題に気付き，「生活課題に気付きよりよくしようと工夫する力」の育成をめざす。さらに，「知識を相互に関連付け生活を創造する力」も重要であり，生活経験，他者との交流，他分野の学習で得た知識も活用し，新たな生活を創造することをめざす。

２．授業実践のための基礎知識
―理論的背景など，実践のための枠組み―

　福田（2004）が家庭科教育の課題を「生活実践に働く知識や思考および価値観や技能などを，子ども自身が認識し，科学的に吟味して，他者への倫理的配慮と共に，自分の状況を判断した未来志向的な生活実践が必要」と述べているように，家庭科で育成する「生活実践力」は，子どもが実生活で身につけた生活知を科学的な認識と共に学ぶことで，より生きて働く力となる。また，家族をはじめとする異年齢や異文化を持つ自分以外の他者と協働する際に，相手を受容し，違いを認め，生活を創造していくことのできる豊かな感性も必要になる。さらに，人が生活の中の困難な状況を乗り超えるためにその根幹として必要なのは，「他者への倫理的配慮」であり，自分がケアされ，そして自分も人をケアすることによって育まれる自己肯定感である。

　佐伯（2017）も，「ケアする人はケアすることによって自分もケアされるという相互の関係性の上に，相手にとって善きことをする（ケアする）ことに専心没頭することで，結果的に善く生きようとしている」と述べている。しかし，ケアする人が他者をケアする場合，ケアされる人の状況や思いを十分に把握してケアできているといえるであろうか。ケアする人はケアされる人と直接的な関係がある場合にのみ，結果としてケアされ成長できるのであろうか。

　このような問題意識を持ち，本授業を開発・実践し，検討した。

３．授業展開
（１）題材名　安心・安全に住まうためは　～幼児・高齢者の立場から～

（２）題材設定の背景
【題材観】本題材は，「幼児とのふれあい」と「安全・快適に住まう」を関連させた。住まいは，生命を守る器であり，人間らしく生きるために必要不可欠である。しかし，幼児・高齢期において，家庭内事故による死亡者数は，交通事故のそれを上回る。私たちは，こうした事故が起きることを想定していない場合が多い。よって，住生活の学びに，ケアリング（人と人とが双方向にかかわる）の視点を取り入れ，実践的に学び，相手の立場に立って考え判断し，創意工夫できる生活実践力を育むことができるようにした。

【生徒観】生徒は，隣接の幼稚園の４歳児とペアを組み交流活動を行っている。その幼児の家族とも交流経験があり，住生活の学びに関して「幼児のいる家庭生活」を学ぶ機会がここにある。住生活に関する事前調査を行ったところ，「快適な住まいにするための仕事」を家庭で実践している生徒は「している」「時々している」を合わせると，整理・整頓68％，掃除55％，快適な住まい方35％であった。しない理由として「家族任せ」「時間がない」などであり，課題解決する意欲が低い状況が見られた。

【集団観】生活体験を語ることができ，生活の課題に気付き，対話活動などで他者と協働しながら，課題解決できる集団を目指している。生徒は，ペア幼児とのグループ活動において，課題解決した経験がある。しかし，取り組む姿勢には個人差があり，人任せにしている生徒もいる。

本題材では，幼児・高齢者の立場になって考える機会を設け，なぜ幼児や高齢者に配慮が必要かを，その理由と共に実践的・体験的に学び，知識の習得にとどまらず，他者への思いやりなど倫理的な配慮を伴った課題解決ができる集団をめざす。

【指導観】住生活の基本的な知識を習得し，それを生かしながら他者の立場に立ち思考する機会を設ける。それは，ケアリングの視点を取り入れた「高齢者疑似体験」「家族へのインタビュー」「幼児の保護者への手紙」である。この学びの過程で，安全で快適な住まい方について，介護の専門家や幼児の家族の言葉からも学ぶ。そのことにより，乳幼児期から高齢期という様々な状況にある人々の立場になって考え，それをきっかけとして，自分の住生活の課題について解決できるように留意した。

（3）題材の目標及び計画

① 題材の目標

自分の住空間に関心をもち，他者への倫理的な配慮を伴った室内環境の整え方を課題解決すると共に，安全で快適な住まい方を考え，具体的に工夫できるようにする。幼児の家族との関わり，高齢者疑似体験などの実体験を，住まいの学びに生かし，幼児を招く会を企画・実行することができる。

② 題材の評価規準

知識・技能	思考・判断・表現	主体的に取り組む態度
安全で快適な室内環境の整え方と住まいに関する基本的な知識を身につけている。	幼児・高齢者の立場になって，住生活の課題を見つけ，仲間と共に対話活動を通して，課題解決しようとしている。	住生活をより良くすることに関心をもち，他者への倫理的な配慮と共に，様々な状況にある人の立場になって，自分の視野を広げて課題解決しようとしている。

③ 題材計画

表1は「幼児とのふれあい」と「住まい」「生活を豊かにするための布を用いた製作」を総合的に関連させた授業計画を示している。本時の学習内容⑮『安心・安全に住まうために大切なこと「新しい視点」を見つけよう』の授業を実践するにあたり，「安全」「快適」に加えて，生徒にケアリングに基づいた「安心」の視点で住まうことを，実践的・体験的に考えさせる。そのために「ペア幼児とのふれあいを生かした保護者へのインタビュー活動」と「高齢者疑似体験そして介護福祉士の話」から学ばせることにした。これはペア幼児の家族という「家庭との連携」であり，そして介護福祉士会との連携は，「地域・社会の教育力を生かした」取り組みである。

表1 「幼児とのふれあい」と「住まい」「生活を豊かにするための布を用いた製作」を総合的に関連させた指導計画

時数	学習指導要領内容項目との関連	学習内容	具体的内容
1	A・B・C	①8年生の家庭科で何を学ぶか	ケアリングの重要性についても理解する
1	A（2）	②幼いころを振り返ろう	自分がケアされたことを想起する
2	A（2）	③幼児の心身の発達について考えよう	幼児の心身の発達の特徴を知り，それを関わりへどのように生かしたらよいかを話し合う
2	A（2）	④ペア幼児との出会い　幼児との関わり方を考えよう	幼児との関わり（ケア）を実践する
1	A（2）	⑤幼児の生活習慣の習得について考えよう	幼児との関わりをもとに，さらに幼児への理解を深める
1	A（2）	⑥幼児の生活と遊びを知ろう	
時間外	A（1）（2）	⑦ペア幼児の家族と話そう	幼児との関わりについて家族へ質問し，ペア幼児の個性をつかみ，家族の関わり方（ケアの方法）を知り，それを模倣する
時間外	A（2）	⑧ペア幼児と運動会のダンスを踊ろう	幼児をケアし，ケアすることによってケアされることを，意識しないまでも体験する
3	A（2）B（5）	⑨ペア幼児へのバンダナのプレゼントを作ろう（夏休み・冬休みの課題とし，内容には書いていないが2月にプレゼントするまで，継続的に取り組む）	これまでの関わりを生かし，ペア幼児が喜んでくれるバンダナを製作する
2	B（6）	⑩住まいの役割と住まい方を考えよう	住まいが人の生活と命を守る器であることを理解しその役割や安全について話し合う
2	B（6）	⑪住まいの安全について考えよう	
1	B（6）A（2）	⑫ペア幼児の家族へ，住まいの安全について手紙で質問しよう	同じペア幼児のグループ内で話し合いながら手紙を書く 手紙の返信を読み，ペア幼児の安全を守るための家族のケアの方法と考え方を学ぶ
1	B（6）A（3）	⑬ユニバーサルデザイン（心のバリアフリー）とは	バリアフリーの概念を話し合う
1	A（3）B（6）	⑭介護福祉士の方々に学ぶ〜高齢者疑似体験〜	高齢の方へのケアの専門家に，高齢者の立場に立ったケアの実践について学ぶ
1	B（6）A（2）（3）	⑮安心・安全に住まうために大切なこと「新しい視点」を見つけよう（本時）	幼児の家族と介護福祉士の方の家庭内事故に対するケアの実践について，その考え方を話し合い，新しい視点を見つける ペア幼児の家族の手紙から，これまでのペア幼児との関わりが相手にとって心地よいものであったことを知る
1	A（2）B（5）（6）	⑯ペア幼児さんようこそ中学校へ（刺繍を一緒にする）の企画立案	これまで学んだケアをもとに，幼児の目線で活動計画を立てる
1	A（2）B（5）（6）	⑰ペア幼児さんようこそ中学校へ（本番）	幼児の立場になって，安全に気を付けて，ケアを実践する（ここではプラスチック針を安全に使って教える）
1	B（6）	⑱健康で快適な室内環境を工夫しよう	これまでの学びを生かしながら，人が主人公である住まいについての考え方を話し合う
1	B（6）A（1）	⑲よりよい住生活を目指して	
1	A（2）B（5）	⑳ペア幼児へのバンダナのプレゼントを作ろう	プレゼントとして完成させ，手紙を添える
時間外		㉑ペア幼児へバンダナハンカチをプレゼントしよう	ペア幼児へ心をこめてプレゼントする（ケアの実践）
1	A（1）（2）（3）	㉒ペア幼児と家族からのお礼の手紙を読み，幼児のと関わりや家族について考えよう	5月の出会いから約1年間ペア幼児と関わった（ケアした）ことが，相手によって受け入れられており，幼い子どもへの理解と共に，ペア幼児や家族と双方向の関わりを実感できる

＊時間外は家庭科授業外での実施　＊学習内容の①〜㉒は学習順

幼稚園との連携・連動

　生徒には年間通じて交流している隣接する幼稚園の「ペア幼児」の存在がある。このペア活動は本校では15年以上前から行なっている歴史があり，同敷地内に幼稚園があるため，年中児と中学校2年生がペアを組み，家庭科の時間のみならず，運動会などの行事においても共に活動している。

　5月に幼稚園に行き，ペア幼児との出会いのふれあい体験をする（写真1）。さらに，幼児についての学習と衣生活の小物作りの学習も関連させて，年度の終わりにペア幼児へプレゼントする刺繍を施したバンダナも製作する。ペア幼児とは5月に出会い，幼小中合同運動会のダンスを共に踊るなど，これまでにも6回のふれあう時間があり，幼児の心身の発達について学びながら，幼児とのふれあいを重ねている。ペア幼児と呼んではいるが，実際は中学生2名～3名に対して1名の幼児とのペアである。

写真1　ペア幼児との出会いの日

写真2　ペア幼児の家族と話そう

ペア幼児の家族との連携

　学習内容⑦「ペア幼児の家族と話そう」では，幼児への理解を深めるために，幼児の保護者と話す会（写真2）を実施している。また，学習内容⑫「ペア幼児の家族へ，住まいの安全について手紙で質問しよう」では，幼児の保護者の協力を得て，生徒からペア幼児の保護者へ「乳幼児の家庭内事故」についての現状や体験，そしてその防止策などの質問を含んだ手紙を送った（写真3）。生徒へは次のような質問をするとよいというアドバイスをした。

> ① ペア幼児さんが生まれてから今に至るまで，家庭内でけがをしたことはありませんか。
> ② けがに至らないまでも，ヒヤッとしたりハッとしたりしたことはありませんでしたか。
> ③ ①②のことは，どのようにしたら防ぐことができると思いますか。

　そして，ペア幼児の保護者全員から生徒に手紙の返信があった（写真4）。ペア幼児の保護者からは，我が子の家庭での様子を交え，さらに家庭内事故に関することに加えて，子育てに対する思いも重ねて綴ってあり，大変読み応えのある内容であった。中には，ペア幼児自身の絵や手紙も添えてあり，実際に幼児の姿を思い浮かべながら，乳幼児期の家庭内事故について考えることができるものであった。

安心・安全な住まい方について新たな視点を見つけよう

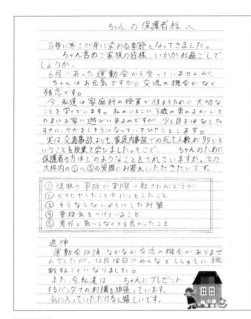

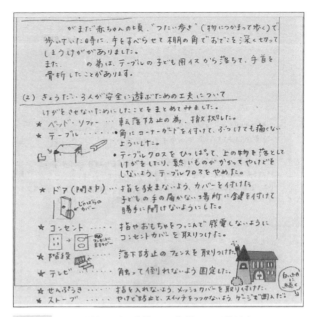

写真3 生徒からペア幼児の保護者への手紙例　　**写真4** ペア幼児の保護者から生徒への手紙例

介護福祉士との連携（高齢者疑似体験）

　広島県介護福祉士会が介護プチ講座という学校向けの講座を開設している。授業の目的を伝えて実際に中学校へ6名の介護福祉士が来学し，高齢者疑似体験も含めた授業が行われた。

　高齢者疑似体験では，生徒が買い物の支払い場面で，軍手をはめて財布から小銭を取り出す場面（写真5）などを体験した。さらに，介護福祉士から高齢者の家庭内事故について，実際の事故の発生状況とその対策について話があり，多くの高齢者が家庭内事故で亡くなる原因，

写真5 軍手をつけて買い物体験

例えば，ヒートショック（寒暖差と血圧の関係），リロケーションダメージ（環境の変化でストレスがかかり心身に弊害を与えること）などが話された。最後には，介護する場面では，相手の気持ちやできることを尊重していること，そして，これまで当たり前にできていたことや大切なものをひとつずつ失っていくことが歳をとることだと，自らの介護福祉士としての体験の中から実感を伴う語りであった。

（4）授業実践

○**本時の題材**：安心・安全に住まうために大切なこと「新しい視点」を見つけよう

○**本時の目標**：幼児，高齢者の立場になり，家族の安全を考えた住空間の整え方について理解を深めることができる。

○**本時の学習で活用する教科の見方・考え方**：住まいの安全・快適について，相手の立場に立って考え判断しようとするケアリングの視点を取り入れる。

○学習過程

※（全）（小）（個）：学習形態（全：全体の場　小：小集団　個：個人）㊢：評価の観点（方法）　㊗：留意点

学習事項	生徒の活動	教師の働きかけとねらい	集団
1．学習課題への接近	(1)モデルハウスの危険箇所を見つけその改善点を発表する。 ※かながわ住まいまちづくり協会の冊子（平成26年）参考 (2)置き去りにして考えていたことをつぶやく。 ・この家に住む家族の姿 ・誰がどんな生活をしているか	(1)多くの危険箇所は容易に見つかり，改善点も考えられるが，何かを置き去りにしていないかにつなげる。 (2)「住まいに住む人」の姿を置き去りにして考えていることに気づかせる。	（全） これまでの知識をもとに考える。 （個） 感じたこと，考えたことを発表する。
2．学習課題の設定	(3)学習課題を設定する 安心・安全に住まうために大切なこと（新しい視点）を見つけよう。	(3)本時の見通しを持たせる。 ・保護者の手紙と高齢者疑似体験から考えることを伝える。	（全） 課題を共有する。
3．学習課題の追求	(4)ペア幼児の保護者からの手紙をグループで考えながら読む。 ①家庭内事故 ②その防止策 ③大切な考え方，新たな視点 (5)(4)で見つけたことを発表する。 ・危険を取り除くだけではだめ。 ・成長が早く想定外のこともある。 ・制限しても成長の芽を摘む。 (6)高齢者疑似体験の時の写真を見て介護福祉士の方から学んだ新たな視点を発表する。 ・寄り添い見守る姿勢も大切だ。 ・リロケーションダメージというものがある。 (7)幼児の保護者からの手紙と高齢者疑似体験から見つけた新たな視点は何かについて，自分の考えをまとめる。 ・相手の気持ちを尊重すること ・しんどさを抱える人への配慮 ・相手の立場に立とうとする姿勢	(4)手紙の例を示し，新しい視点の見つけ方をアドバイスする。 ①家庭内事故に線　②その改善案に波線　③新たな視点に○をつける，感じたことを声に出すことなど。 (5)①②を出し合わせた後，③大切な考え方や新たな視点を丁寧に取り上げる。 ・幼児の心身の発達の特徴ともつなげて考えさせる。 ・なぜそこに注目したのか問う。 (6)高齢者疑似体験から気づいたことや介護福祉士の方が提示した高齢者の立場にたった考え方に注目させるようにする。 ㊗活用する見方や考え方 　他者の立場になった上での，快適・安全・安心はどうかという見方・考え方ができる。 (7)幼児・高齢者の状況について知識があっても，それを行動化するには何が必要かを問う。 ㊗人は誰でも，ケアが必要な立場になる。他者へ配慮を伴った生活のしかたを考えることが，これからの社会を生きるためにも必要だという視点を押さえる。（ケアリングの視点） ㊢自分で見つけた新たな視点についての考えを持つことができているか。（発表内容・ワークシートの記述）	（小）→（全） ペア幼児グループで気付いたことを出し合う。 （個）→（小）→（全） グループで気付きを出し合い，全体で共有する。 （個）（小）→（全） 考えが出ない場合は，「どんな視点か」「どんな見方か」を小グループで話し合い発表する。
4．まとめと次時への発展	(7)本時の活動で見つけた新たな視点を発表し合い，自分の考えを持つ。	(7)安全＝安心ではない。物理的な安全だけでは人は安心できない。住む人の気持ちを尊重して初めて安心・安全な住まいが実現する。幼児とのバンダナ交流会の計画に生かそう。	（個） ワークシートに本時の学びから考えたことを書く。

学習課題への接近と課題設定

　かながわ住まいまちづくり協会の作成したモデルハウスの危険を見つけるイラスト（図1）を提示し，危険個所（35か所）とその改善策を発表させ，解決すべき危険個所を共有した。その後，「何か大切なことを置き去りにして私たちは議論していますが，何かわかりますか。」と立ち止まってみた。一瞬生徒たちは，何を言われているのか分からないような反応であったが，「家族」「人がいない」というつぶやきがあった。

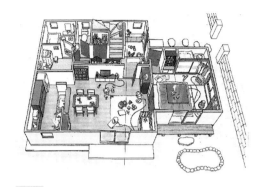

図1　提示した危険を見つけるモデルハウス

　この住宅では，どんな家族がどんな生活を送っているかが，描かれていない。「そう，このモデルハウスに住んでいる人がどんな人なのか，その人たちはそんな状況でどんな生活をしているかが分からないまま意見を述べていますね。」と生徒に問いかけた。安心・安全を追究するためには，ここに暮らす家族状況やその一人一人の健康状態なども知らなければいけないという問いかけは，家庭科の授業において，知識や技能の習得にとどまらず，そこに暮らす人を中心に考えるという，ケアリングの視点に気付かせることを意図したものである。

学習課題の追求

写真6　保護者の手紙の読み取り方の例を提示①

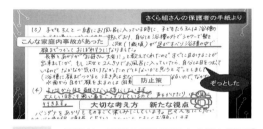

写真7　保護者の手紙の読み取り方の例を提示②

　人の気持ちを尊重するためには，教科書や文献などではなく，実際に生活していてその危険に遭遇した人の話が効果的である。そこで，本授業前に取り組んだ「ペア幼児の家族への手紙」と「高齢者疑似体験」の活動を活用して，「安心・安全に住まうことに関して新たな視点」を生徒自身で見つけさせた。

　幼児の保護者からの手紙には新たな見方・考え方がたくさん包含されているため，写真6，写真7のように読み方を示した。生徒はペア幼児の保護者からの手紙を受け取り，各グループで交流した。例えば，「トイレの便器の中に手を入れていることがあった」「扇風機の中に手を入れて指がはさまりそうになったこともあった」という家庭内事故の実際の例を挙げて，その防止策が書かれていた。また，それに関する「大人が普通にしていることを子どもが真剣に見ていて，大人が教えてないのにということを，子どもは自分の目で見て，考えてやっている。」「大人もハイハイの姿勢をして部屋をハイハイしてみると意外とたくさんの発見がある。」「子どもから目を離さないようにし

ている。子どもは大人しい時こそ悪いことをこっそりしている」などの保護者の記述は，教科書には掲載されていないもので，実際に幼児と共に生活する保護者だからこその記述である。つまり，その手紙には，そこに住む「人」を中心にした「住まい方」が愛情あふれる言葉と共に綴られていた。生徒はペア幼児のことを思いながら，グループの中で対話しながら，手紙を笑顔で読んで見つけた新しい視点を発表した。本授業の板書を以下に示す。

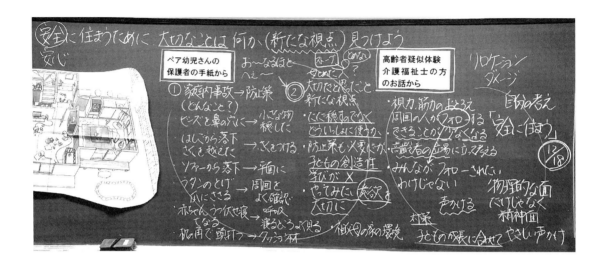

まとめと次時への発展

　右図のように，住宅の危険個所を改善した図2を提示し，「家の玄関に向けて，飛び石がなくなり，平面で歩きやすい家になっている。しかし，この石はそこに住むおじいちゃんが若かりし日に大切に作った庭の一部で思い入れのある飛び石かもしれない。相談しないでいきなりリフォームで美しくなった玄関先に立ったおじいちゃんは，それがなくなったさみしさで，リロケーションダメージを受けることもあるかもしれない。」など，生徒からの意見をまとめた。

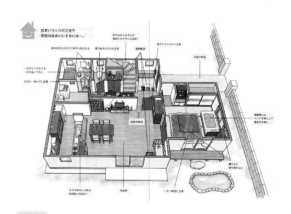

図2　危険を改善したモデルハウス

　安全と安心は違うことや，安全第一ではあるが，そこに住む家族とのコミュニケーションや，相手の立場になって何が本当の安心，安全なのかを考えた住まいにしていくことが理解された。

4．本時の成果と今後に向けて

　本時の最後に，「安全に住まうとは？」と問い，自分の考えを自由記述でまとめさせた。その記述を分類して表2に示す。

表2　生徒のワークシートの記述の分類

記述内容	生徒のワークシートの記述
安全の上に相手に適した対策が必要，相手の状況や考えを尊重	・**安全と安心のバランスを考えること。**このバランスは人によってそれぞれだし「住まい」というのは本人から見てどうかというのが一番大切なので，その人の考えを一番にすることが大切だ。個人を尊重。 ・高齢者疑似体験と手紙から相手の考えを尊重するのが大切だということが分かった。実際にしてみて深く考えることができた。 ・安全面を配慮しつつも，相手の意見を尊重しながら，お互い安心できる環境を作ることが大切。自分が安心できても相手が不快に思っているかもしれない。 ・制限をしすぎない。（大けがにならないような対策は大切だが，対策をしすぎると生徒の創造性を伸ばせない。リロケーションダメージもある。生徒や高齢者の立場になってその人に適した対策をすることが安全だ。） ・安心安全に過ごせるかは住んでいる人にしかわからない。そのため無理に自分のことを押し付けたりするのではなく，その人の意見を聞けるような状況を作りその意見を大切にする。 ・**危険なものなどについては安全にすることが大事だと思うけれど，思い出のものなどで危ないものは，家族で話し合いながら安全を守ることが大切だと思う。** ・幼児とも高齢者とも関わる上で，一人一人に合わせることが最も大切だと思う。その人の意欲を大切にしたり，ストレスにならないようにする。 ・**リロケーションダメージという面において，僕の母方の祖母の家は，僕が小さいときから何も変わってないような気がする。祖母にとってもその空間が快適なものであると思った。また祖母は，家族と一緒に暮らしているから安心して暮らせるのだと思った。**等
防止するだけではなく，相手の自立を考える	・ただ防いだりするのではなく，実感させたり自立を目指してすることが大切。 ・幼児→自分の身は自分で守ることを覚えさせる。　高齢者→これはやってほしい，やってほしくない　など高齢者の立場になる。→優しい声かけをする ・幼児・高齢者両方において一人では難しかったり危険なこともあるので，周りのフォローが大切。ただ助けすぎると自身でできないまま。過ぎたるは及ばざるが如し。適度な助けが必要である。等
安全のためのコミュニケーションの重要性	・安全に暮らすことだけを追究していたら，安心して暮らすということに支障を来してしまうかもしれないということが分かった。それを防ぐためには身近にいる人がコミュニケーションをたくさんとっていくことが大切ではないかと考えた。**自分のおじいちゃんおばあちゃんとちゃんとコミュニケーションをとれているか，自分の話し方は聞き取りやすいかを再確認したい。** ・人によって考え方や捉え方も違うので，声をかけたり，話し合ったりしてお互いを尊重することが大切でそれは生徒や高齢者の方に限ったことではないと思う。等
経験も大切だが，安全は守るべき	・経験も大切だが一人一人の命が一番大切なので周りがサポートする必要があるなとみんなの考えを聞いて感じた。バンダナをペアさんと縫うときも安全に配慮して行いたい。
高齢者の気持ち	・自分が高齢者になったときにどのようなことに気をつければよいのかが分かったし，本当の安全について考えることができたのでよかったと思います。
バンダナ交流会に向けて	・バンダナ交流会では，やはり安心安全が第一だと思う。そのために絶対に幼児さんを一人にしない。関わらずとも見守っておくということを徹底した。（3人グループであるから可能なはず）一緒に刺繍をする場面では安心な絶対条件として身を守るということを教えることができればいい。 ・今まで安心安全に住まうことを学んできて人が生活することを考えないといけないと分かった。安心安全をペアさんとの交流会の刺繍の時に生かしていきたい。ペアさんが安心できるように考えていきたい。等

高齢者の身体状況や家庭内事故に関しては，介護福祉士から聴いた高齢者の立場になって考える必要があるリロケーションダメージなどの専門的な知識を，自分自身の祖父母の場合だとどうかと考えて記述している生徒も見られた。このように，単なる知識や技能の習得にとどまらず，人と人との双方向の関わりを大切にしながら，自分以外の他者，それも乳幼児や高齢者など社会的に配慮の必要な人の立場になって考えていた。

「新しい視点」をペア幼児さんとのバンダナ交流会へつなげる（課題解決学習）

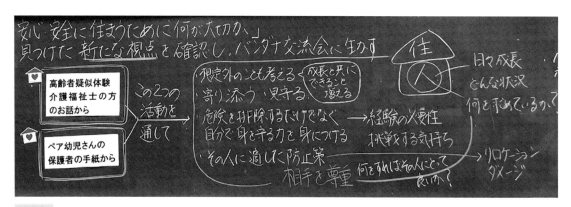

写真8　前時の授業の重要な点を確認して，バンダナ交流会の準備をした日の授業の板書

次の授業では，住まいについての学びを振り返り，写真8のように見つけた新しい視点を確認した。その上で，ペア幼児を中学校へ招いて，一緒にバンダナに刺繍をする会をどのようにするかの話し合いをした。特に，「危険はすべて排除するのではなく，危険を回避できる力も身につける必要がある」「経験させることも重要だ」という住まいに関する新しい視点を，実際にどう生かすかの話し合いをした。その焦点は「本物の針」を使う経験を幼児にさせるか否かであった。生徒からは「何とかなる。協力して教えよう」という意見もあったが，「僕たちのペアは元気に動き回ることが多い，危険だし，とても難しいので本物の針で  はやらないほうが良い。」「やはり針は危険だ」と色々な意見が出された。そして，「プラスチック針と毛糸を使って，安全な縫い方を教えてあげよう。」という意見が出た。幼稚園教員からは，本物の針を使ってみるもの良いのではないかという意見が得られていたが，生徒たちの話し合い結果から，プラスチック針を用いて刺繍のステッチをペア幼児と共に取り組むこととなった。

5．おわりに

　住生活に関する学びは，子どもたちの住生活環境が異なるため，共に議論できるモデルハウスや模擬家族を提示して共通課題を考えさせるなどの授業展開が多く実践されている。しかし，それだ

けでは生徒が実生活に結び付けて考えにくい。そこで、「家庭や地域との連携」を通して、住まいの学びにケアリングの視点を取り入れ、そこに住む「人」に着目させる実践を提案した。ここでいう「家庭と地域との連携」とは、生徒が実際につながることのできる「家庭」であり、本実践では「ペア幼児の家庭」である。また「地域とのつながり」は、地域の介護福祉士会の方とのつながりである。「ペア幼児の家庭」や介護福祉士会とのかかわりにより、本授業実践を通して、次のような教育効果がみられた。

第1に、「幼児の家族へのインタビュー」「高齢者疑似体験と介護の専門家のお話を聞く」というコミュニケーションを通して、教科書に掲載されていないような、幼児や高齢者の実際の暮らしや幼児の保護者の思いなどを聴くことができた。その結果、生徒は住む「人」の状況を考える必要性に気が付き、他者をケアする場合、ケアされる人の状況や思いを十分に把握することが重要であることに気付けたのではないかと推察される。

第2に、ペア幼児の家族による我が子への思いも含めて語る住まいの話は、生徒にとって単なる知識の習得ではなく、人と人とのつながりや家族のつながり、子どもを育てている親の思いを知る機会となった。生徒にとって間接的ではあるが、ペア幼児の家族という適度な距離間のある家族の言葉は、自分の親に思いを直接聞くよりも、ペア幼児の保護者の思いに重ねて自分も幼い頃はこのように家庭内で安全について留意してもらっていた、と考えを深めるきっかけになったのではないかと推察される。

第3に、本時の授業において習得した住まいの「新しい視点」を活用して、幼児を中学校へ招いて共に縫物をするという問題解決の機会を生徒に設定している。生徒は自分より年齢差のある幼児とのふれあいにおいて、単に「幼児に関する知識を身につけたい」ではなく、「ペア」という存在に愛着を持ち、ペア幼児は特別な存在になり、そのかかわりを大切にしている。そのような存在のペア幼児の安全をどのように配慮すればよいか試行錯誤しながら、計画し実践していた。

今後の課題としては、人の状況や生き方に焦点をあてすぎると、安全よりも危険回避は人と人とのかかわりで改善すればよいという方向に考えてしまうことである。あくまでも安全という見方やそのための知識や技能の習得は重視した上で、人と人との双方向の関わり（ケアリングの視点）も考える必要があることを大切にしなければならない。「他者への倫理的配慮」を重視するとともに、知識・技能を科学的な認識を伴って学ぶことができる学びにするには、どうしたらよいかを検討したいと考える。

【引用文献】
1）福田 公子：生活実践と結ぶ家庭科教育の発展、大学教育出版、p.18、2004
　　P. グリフィン他編著，三宅 なほみ監訳：『21世紀のスキル学びと評価のあらたなかたち』北大路書房、2014
2）佐伯 胖：子どもがケアする世界をケアする、ミネルバ書房、p.1、2017
3）妹尾 理子他監修：『私たちの「住まい」「まち」〜身近な住まいとまちづくりについて考えよう〜』、公益財団法人かながわ住まいまちづくり協会、2014

自立した消費者の育成

―エシカル消費を通して―

多々納　道子（島根大学名誉教授），
青木　佳美（島根大学教育学部附属義務教育学校後期課程），
鎌野　育代（島根大学教育学部），平井　早苗（島根大学教育学部）

本研究のターゲット

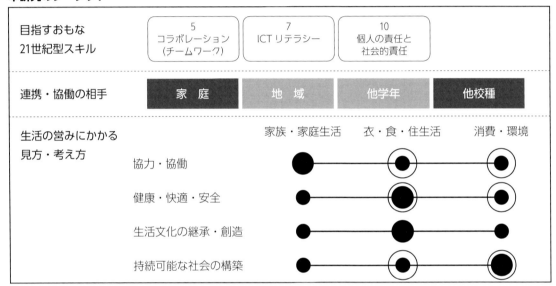

目指すおもな 21世紀型スキル	5 コラボレーション （チームワーク）	7 ICT リテラシー	10 個人の責任と 社会的責任

連携・協働の相手	家　庭	地　域	他学年	他校種

生活の営みにかかる見方・考え方

	家族・家庭生活	衣・食・住生活	消費・環境
協力・協働	●	○	○
健康・快適・安全	●	●	●
生活文化の継承・創造	●	●	●
持続可能な社会の構築	●	●	●

1．はじめに

　本研究は，中学校家庭科において自立した消費者を育成するための授業開発に取り組んだものである。授業開発を進める上で留意した点は，情報知識基盤社会である21世紀を生きる生徒が，家庭や地域をフィールドとした課題を，ICT を活用して調べ学習を行ない，その成果を学習者同士が相互に学びあうことによって目標を達成する，次にさらなる目標を見いだし，それに挑戦して新たな知識を生み出していくといういわゆる21世紀型スキルを身に付けることである[1]。

　ところで，2015年9月国際連合において「国連持続可能な開発サミット」が開催され，SDGs（Sustainable Development Goals）すなわち持続可能な開発目標が，持続可能な世界を実現するための国際社会共通の目標として採択された。これは「貧困をなくそう」「すべての人に健康と福祉を」「つくる責任つかう責任」など17の目標とその下位目標というべき169のターゲットで構成されたものである。これらの目標達成と関連して，消費者教育の推進に関する基本的な方針の変更[2]や学習指導要領の改訂が行われ，家庭科でも持続可能な社会の構築に対応して，自立した消費者を育成するために，消費生活や環境に配慮したライフスタイルの確立の基礎と知識や技術を身に付け

ることが必要とされた[3]。

　このことは例えば，消費行動を取る際に生徒は「自分ならどうするのか」を主体的に考え，環境，人や社会，地域に配慮するため多数の選択肢の中から何を選ぶかを判断し，その根拠は何かを説明でき，行動できる力をつけることである。この選択する際のポイントをエシカル消費（ethical consumption，倫理的消費）とした[4][5]。エシカル消費は，「地域の活性化や雇用なども含む，人や社会，環境に配慮した消費行動」である[6]。したがって，エシカル消費を行動規範にすることは，消費生活において世界の中で生きる一個人の責任と社会的責任を果たすことへのアプローチとなる[7]。

　そこで本授業では，中学生にとって身近な弁当の選択を取り上げ，エシカル消費を可視化できるエシカルポイントを設定し，中学生がパソコンを活用してエシカル消費で配慮すべき具体例の調べ学習をして，小学生にプレゼンするという小・中の連携授業とした。具体的には，以下のようである。

①中学3年生は弁当選びを2回体験することによって，これまでの消費生活を振り返るとともに，エシカル消費の重要性を知る。さらに，エシカル消費のよさを広めるため，地産地消，フェアトレード，フードマイレージ，容器包装，フードロス，被災地への支援，障害のある人への支援と寄付付き製品の購入について，各自が一項目ずつパソコンによる調べ学習を行う。その結果を紙パワポにまとめる。小・中学生で15人程度の班を作り，班内で中学生が小学生に向けて紙パワポでプレゼンを行う。（＊紙パワポ……エシカル消費の視点を1つ調べ，小学生にわかりやすく説明したA4サイズの資料）

②小学5，6年生は中学生からのプレゼンを視聴した後，2回目の弁当選びを行う。1回目に選んだ弁当のエシカルポイント及び金額と比較・検討することによって，エシカル消費を理解し，弁当の選択の行動は世界を変えることに繋がるということを実感させる。

　　中学生はエシカル消費を商品選択に生かせるようになったか，弁当選択の際のエシカルポイントと金額の変化をみて，小学生にエシカル消費のよさを伝えることができたかなど，エシカル消費を伝え・広めることのよさを実感できるように授業を工夫した。

2．授業実践　題材「エシカル消費で選ぼう」

（1）　学習指導計画

①授業対象：島根県内にある国立大学法人の附属学校園に在籍する中学校3年生136人と小学校5，
　　　　　　6年生115人

②授業実施時期：2019年1月～2月

③授業者：青木　佳美

④授業計画

1）から揚げ弁当を選ぼう……………………………………………………………1時間

2）エシカル消費の考え方を理解しよう…………………………………………………1時間

3）エシカル消費について詳しく調べ，エシカル消費のよさを小学生にプレゼン
　　できるよう考えを深めよう………………………………………………………1時間

4）エシカル消費についての調べ学習とプレゼンをするための準備をしよう………1時間

5）エシカル消費について紙パワポで小学生に説明しよう……………………………1時間

計5時間

⑤授業前の生徒の実態

　授業前に中学生が食品選択する際に重視するポイントとして，「値段」「安全」や「マーク」などの関連する16項目を取り上げて求めた。その結果，「値段」94.8％，「消費・賞味期限」73.3％，「安全」が71.9％という順位であった。次いで，「見た目」と「産地」が50％を超えていた。これらに対して，「寄付付き」と「被災地で作られた」がともに1.5％，「フェアトレード」3.0％，「生産にかかわっている人」は4.4％と極めて低く，エシカル消費のポイントは，ほとんど重視されていなかった。

　次に，消費生活・環境に関連する用語の中で説明できるのは「食料自給率」98.5％，「フェアトレード」95.6％，「地産地消」94.8％，「持続可能な社会」80.0％が高いものであった。低いのは「エシカル消費」0.7％，「フードマイレージ」5.2％，「フードロス」21.5％であった。

　このように，本授業前に中学生が食品選択をする際には，経済性や安全性など従来からのポイントを重視して，環境，人や社会，地域に配慮したエシカル消費行動をとるものではなかった。一方，多くの生徒が消費生活・環境について説明できる用語は，「フェアトレード」「地産地消」「食料自給率」や「持続可能な社会」などであり，エシカル消費を説明できる程度に理解していても，食品選択の際に十分生かしているとは言い難い状況であった。このような生徒の実態を踏まえて，授業計画を立てた。

（2）　授業の概要

| 1時間目　から揚げ弁当を選ぼう |

①学級レクレーションのため，値段，使用した弁当箱の種類と金額，材料の産地などが異なる7種類のから揚げ弁当の中から食べたい弁当を選ぶ。

②弁当を選択した理由を考え，どんな理由が多いのか，班のメンバーと話し合う。

③選んだ弁当のエシカルポイントと金額を計算する。

④弁当の選択を通して，これまでの消費生活を振り返るとともに，購入には環境等へ配慮した商品を選ぶことが必要なことを理解する。

表1 学習指導案

【目標】弁当の選択を通して，これまでの消費生活を振り返るとともに，エシカル消費について理解する。

展開

主な学習場面と子どもの取り組み	教師の支援と願い・評価
○３年間の学習を振り返りながら，自分たちは消費者の立場にあることを知る。	・これまでの中学校での家庭科の学習を振り返りながら，消費は今もこれからも生活していく上で欠かせない行為であることに気づかせる。
<div align="center">から揚げ弁当を選ぼう。</div>	
○パフォーマンス課題を示し，設定場面を把握する。	・子どもたちが普段の生活の中で弁当を買うことを想起しやすい課題を設定する。
今度の土曜日に，学級レクレーションがあります。お昼は弁当を買います。予算は700円です。おつりは返金してもらえます。メニューは同じですが，弁当の種類によって値段が異なります。自分だったらどの弁当にするか決めましょう。	
①**弁当選び　第１回目** ○個々で弁当を選ぶ。 　場所，容器，中身それぞれについて決定した理由も考える。 ○エシカル消費の考え方を知る。 ○弁当のエシカルポイントと金額を計算する。 　個人→班→学級	・普段の自分の買い物行動を思い出しながら選択するように働きかける。 ・エシカル消費の具体例をパワーポイントで提示する。他教科等で既習の知識も織り込みながら，エシカル消費の良さを感じさせる。
②**弁当選び　第２回目** ○エシカル消費の視点を気にしながら個々で弁当を選ぶ。 　場所，容器，中身それぞれについて決定した理由も考える。 ○弁当のエシカルポイントと金額を計算する。 　個人→班→学級	・先ほどのエシカル消費の良さを，買い物に生かしながら弁当を購入することができるようはたらきかける。
③**第１回目と第２回目の結果を比較する。** ④**本時を振り返る。** 　次時に向けた予告を知る。	・１回目と２回目を比較し，環境・人や社会・地域のエシカルポイントについて伸びを実感させ，みんなで取り組むことで大きな力になることを理解させたい。金額についても比較させる。 ・振り返りを記入しながら，エシカル消費の良さとエシカル消費を行うにはどんなことが課題か考えさせたい。
・みんなで取り組むためには，今日感じたエシカル消費の良さを広げていくために，まず，小学生に伝える試みをする。次回は担当を決めて，エシカル消費について調べ学習をすることを知る。	**【評価の観点（知識・技能）】** 弁当の選択を通して，これまでの消費生活を振り返ると共に，エシカル消費について理解できたか。（評価方法：ワークシート）

から揚げ弁当

① 500円 高級弁当!!

商品名：から揚げ弁当

名称	弁当
原材料	ご飯（米：仁多米），から揚げ（鶏肉：益田産），にんじん・さといも・いんげん・ブロッコリー（松江産），バナナ（フィリピン）
添加物	調味料（アミノ酸），pH調整剤，酸化防止剤（V.C）
アレルギー物質27品目	鶏肉，一部に卵・小麦を含む
内容量	一人前
消費期限	平成31年2月22日　午後9時
保存方法	直射日光・高温多湿を避けてください。
製造者	（株）○○食品　島根県松江市○○町○○

② 500円 手作り弁当!!

商品名：から揚げ弁当

名称	弁当
原材料	ご飯（米：仁多米），から揚げ（鶏肉：益田産），にんじん・さといも・いんげん・ブロッコリー（岡山産），バナナ（フィリピン）
添加物	調味料（アミノ酸），pH調整剤，酸化防止剤（V.C）
アレルギー物質27品目	鶏肉，一部に卵・小麦を含む
内容量	一人前
消費期限	平成31年2月22日　午後9時
保存方法	直射日光・高温多湿を避けてください。
製造者	（株）○○食品　島根県松江市○○町○○

③ 400円 こだわり弁当!!

商品名：から揚げ弁当

名称	弁当
原材料	ご飯（米：広島産），から揚げ（鶏肉：国産），にんじん・さといも・いんげん・ブロッコリー（島根産），バナナ（フィリピン）
添加物	調味料（アミノ酸），pH調整剤，酸化防止剤（V.C）
アレルギー物質27品目	鶏肉，一部に卵・小麦を含む
内容量	一人前
消費期限	平成31年2月22日　午後9時
保存方法	直射日光・高温多湿を避けてください。
製造者	（株）○○食品　島根県松江市○○町○○

出典）島根大学教育学部消費者教育研究会（2019），エシカル消費で世界を変えよう，東京印刷，p.7

図1 から揚げ弁当と内容の表示例

表2 から揚げ弁当のエシカルポイントと金額の計算表

項目				自分の選んだ弁当について記入		エシカルポイントを記入		
				種類	金額	環境	人や社会	地域
基本ポイント	場所	どこで買うか	ア 140円 電話で注文しておき配達してもらい買う。					
			イ 100円 お店（スーパーマーケット）へ行き，買う。		円	点	点	点
	容器	入れ物はどれにするか	A 10円 回収する容器。					
			B 20円 使い捨ての容器。					
			C 30円 地域の作業所で作った紙製容器。		円	点	点	点
	内容	内容はどれにするか	①500円 高級弁当!!					
			②500円 味わい弁当!!					
			③400円 こだわり弁当!!					
			④400円 健康弁当!!					
			⑤300円 野菜たっぷり弁当!!					
			⑥300円 手作り弁当!!					
			⑦300円 特盛り弁当!!		円	点	点	点
加点ポイント						点	点	点
合計					円	点	点	点

自分が選んだ理由（1-2）からエシカルポイントをみよう

出典）島根大学教育学部消費者教育研究会（2019），エシカル消費で世界を変えよう，東京印刷，p.6

表3　エシカル消費基本ポイント計算表

種類・金額		内容		エシカルポイント		
				環境	人や社会	地域
場所	ア　140円	電話で注文しておき配達してもらい買う。 (フードロスの削減)		1点		
	イ　100円	お店（スーパーマーケット）へ行き，買う。				
容器	A　10円	回収する 容器。		1点		
	B　20円	使い捨ての容器。				
	C　30円	地域の 作業所で 作った 紙製容器。		1点	1点	1点
内容	①　500円	高級弁当!!	お米は 仁多 米 お肉は 益田 産 野菜は全て 松江 市産 バナナは 有機農法の フェアトレード 商品・ 寄付付き	1点	2点	3点
	②　500円	味わい弁当!!	お米は 仁多 米 お肉は 益田 産 野菜は 水害からの復興中 の岡山県産 有機農法の バナナ使用	1点	0点	3点
	③　400円	こだわり弁当!!	お米は昨年の 災害から復興中 の広島県産 野菜は 島根県 産 バナナは 有機農法の フェアトレード 商品・ 寄付付き	1点	2点	2点
	④　400円	健康弁当!!	お米は生産量2位の北海道産 鶏肉は生産量1位の宮崎県産 にんじんは生産量2位の千葉産 さといもは生産量1位の千葉産			
	⑤　300円	野菜たっぷり弁当!!	お米は北の大地から北海道産 肉は南の国から宮崎県産 野菜は世界の美味を冷凍輸入			
	⑥　300円	手作り弁当!!	お米は千葉県産の 古米 ブラジルのお肉は輸入量No.1 野菜は国産 有機農法の バナナ使用	2点		
	⑦　300円	特盛り弁当!!	世界から集めた材料で作りました。 米は日本（ 古米 ・千葉県産） 肉はブラジル産 野菜はタイ・エクアドル・中国より冷凍輸入 バナナはフィリピン産	1点		

*エシカルポイントの色分けによる計算早見表
…… 環境
…… 人や社会
…… 地域

出典）島根大学教育学部消費者教育研究会（2019），エシカル消費で世界を変えよう，東京印刷, p.9

表4　エシカル消費加点ポイント　分類表

エシカルポイント（理由に次の内容が入っていれば，一つにつき1点加点）		
環　境	**人や社会**	**地　域**
○有機農産物 ○ゴミの削減 ○二酸化炭素の削減 ○自然エネルギーの利用 ○FSC（森林認証制度）の認証 ○MSC（漁業認証基準）の認証	○障がい者作業所製造品の購入 ○生産流通段階で児童労働・紛争鉱物等の社会問題や環境問題を引き起こしていない製品（エシカルファッション） ○フェアトレード品の購入 ○寄付付き製品の購入	○地産地消 ○地元資本商店での買い物 ○応援消費 ○被災地産品購入 ○伝統工芸

*エシカルポイントの色分けによる計算早見表
……環　境
……人や社会
……地　域

出典）島根大学教育学部消費者教育研究会（2019），エシカル消費で世界を変えよう，東京印刷，p.10

2時間目　エシカル消費について学習する

①エシカル消費について理解する。

②エシカル消費の視点からから揚げ弁当を選び，1時間目に選んだ弁当のエシカルポイントと比較・検討することから，環境，人や社会，地域への影響を顧みる。

3時間目　エシカル消費について調べよう

①エシカル消費について小学生にプレゼンが出来るように，調べ学習によって考えを深める。

②エシカル消費に関するプレゼンのイメージを掴むため，SDGsに関する教員のミニプレゼンを聞き，SDGsの考えを理解する。

③小学生にエシカル消費のよさを伝えるため，エシカル消費の項目を班内で分担して調べ学習を行う。

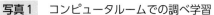

写真1　コンピュータルームでの調べ学習

表5　小学生向けのエシカル消費に関する調べ学習の項目

項目		この考えで 推奨できる弁当	エシカルポイント		
			環　境	人や社会	地　域
考えの 根拠	SDGs・エシカル消費・買い物は投票				
1	地産地消	①②③			○
2	フェアトレード	①③		○	
3	フードマイレージ	①②③	○		
4	包装容器	容器①	○		
5	フードロス	場所①	○		
6	被災地への支援	②③			○
7	障がいのある人への支援	容器③		○	
8	寄付付き製品の購入	①③		○	

出典）島根大学教育学部消費者教育研究会（2019），エシカル消費で世界を変えよう，東京印刷，p.10

4時間目　エシカル消費についての調べ学習とプレゼンをするための準備をしよう

①小学生が1時間目に選んだ弁当のエシカルポイントを計算する。選んだ理由にコメントを記入。

②小学生にエシカル消費を広めるため，小学生の実態をふまえて，引き続きパソコンを使用して調べ学習を行い，その結果をプレゼンするために紙パワポを作成する。

③プレゼンの準備を行う。

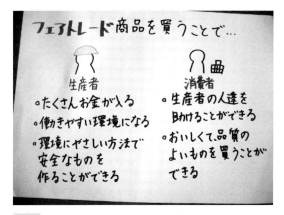

図2　作成したプレゼン用の紙パワポの例

5時間目　エシカル消費について紙パワポで小学生に説明しよう

①エシカル消費についてプレゼンをし，小学生に伝える。

②小学生が再び，弁当を選ぶ。

③小学生が選んだ弁当のエシカルポイントと金額を計算する。

④小学生が1回目に選んだ弁当のエシカルポイントや金額と比較し・検討を行う。

⑤振り返りを行う。

3．結果と考察

（1） 授業後の食品選択のポイント

中学生が授業後に食品を選ぶ際のポイントは何かを，複数回答によって求めた。

表6のように，授業前に重視していた「値段」「安全」や「産地」などは授業後においても，ほぼ同様に重視していた。授業後に特に増加したのは，「地元の食材（島根・鳥取など）」「フェアトレード」「被災地で作られた食品」「寄付付き」と「生産にかかわっている人」であった。いずれも20～30倍の割合になっており，エシカル消費を重視する傾向が強まったことが明白であった。

表6 授業後の食品選択のポイント

食品選択のポイント	人（％）	食品選択のポイント	人（％）
値段	111（89.5）	量・重さ	64（51.6）
安全	100（80.6）	包装の仕方	45（36.2）
産地	95（76.6）	ブランド・メーカー	44（35.4）
環境	62（50.0）	**地元の食材（島根・鳥取など）**	82（66.1）
賞味期限・消費期限	85（68.5）	**フェアトレード**	79（63.7）
添加物	64（51.6）	**被災地で作られた食品**	62（50.0）
マーク	66（53.2）	**寄付付き**	62（50.0）
見た目	63（50.8）	**生産にかかわっている人**	54（43.5）

（＊太字はエシカル消費による商品選択のポイント）　　　　　　　　　　　　　　（複数回答）

（2） 中学生と小学生の弁当選択におけるエシカルポイントと金額の変化

エシカル消費についての1回目と2回目に選んだから揚げ弁当のエシカルポイントと金額を比較すると，中学生と小学生ともに2回目に選んだ弁当の方が，エシカルポイントと金額がともにアップしていた。これはエシカル消費について学習後である2回目には，エシカル消費行動を取ろうとするものであることが理解できた。小学生に対しては中学生が調べ学習の結果を紙パワポで指導しており，中学生による指導効果が表われたといえる。

表7　弁当選択におけるエシカルポイントと金額の変化

学年段階	回数	エシカルポイント（点）			金額（円）
		環境	人や社会	地域	
中学生	1回目	77.3	70.5	81.8	18,423
	2回目	161.5	146.5	179.5	21,630
小学生	1回目	57.0	41.0	61.3	14,833
	2回目	99.3	114.0	114.0	16,478

（3）　授業についての学習後の自由記述

○商品を値段だけで決めるのではなく，どこでどうやって作られたのかを知って選ばないといけないなあと思いました。世の中の人の暮らしや世界の環境，私たちの暮らしのためにも買い物は投票だということと，エシカル消費を意識して買い物をしたいです。

○エシカル消費を意識すると費用が高くなると思いました。**コストとエシカル消費のどちらを選ぶべきか難しいな**と思いました。でも，**社会に役立てるには，エシカル消費の方が大切**かなと思いました。

○**全企業が，人や環境や社会に良い影響を与える商品を売ればよい**と思いましたが，利益が見込めないからできないんだろうなと思いました。

○エシカル消費という言葉を初めて知りました。いつもより環境や周囲のために自分の力を使い，ものの選択をすることがエシカル消費なのだと思いました。少し値段は高いけれど，**一人一人が少しの財力を使うことによってこれからもお世話になる環境や地域を良くすることにつながる**のならば，全体で取り組んでいくべきだと思いました。

○1つのものを買うだけで，**海の向こうの人を助けられて凄いな**と思いました。

○エシカル消費について考えて買い物をすると，**価格が高くなるけど，それは代金＋α，社会問題への解決の寄付**だということを感じました。

○今回の弁当選択から，エシカル消費について考えてみて，かけるお金を少し多くするだけで，環境や社会に貢献でき，そして**数が集まると大きな効力が働く**ということが分かったので，**出来れば自分も数ある中の一つとして良い選択をしていきたい**です。

○エシカル消費についてプレゼンしたことから，**小学生はエシカル消費の大切さを分かってくれ**，紙パワポを工夫してよかった。自分も**エシカル消費を実践**していきたいと思った。

　このように学習後の記述から，エシカルポイントの変化を実感することによって生徒自身が，エシカル消費を意識して消費者行動をとることが，環境や社会を変える大きな力につながることを理解できたことは，自立した消費者への確かな一歩になるものである。

（4）　授業への取り組み方

授業への関心はどうであったのかについて授業後に尋ねた。結果は表8に示す通り，「とても関心が持てた」が95.9%であり，これに「まあまあ関心が持てた」という者を合わせると，100.0%，すなわち中学生全員が関心を持てた授業であったことが窺えた。

表8　授業への関心

関心の程度	人（%）
とても関心が持てた	119（95.9）
まあまあ関心が持てた	5（ 4.1）
あまり関心が持てなかった	0（ 0.0）
関心が持てなかった	0（ 0.0）

4．おわりに

今回の授業実践で，生徒たちはエシカル消費についてまず自分たちが調べ学習をし，その結果を小学生にプレゼンするという学習活動によって，エシカル消費の特徴を理解できたといえる。授業前には食品選択のポイントとしてエシカル消費はほとんど挙げられていなかったが，授業後は多くの者が選択のポイントとして捉えていた。小学生についても，エシカルポイントと弁当の金額が学習前の選択に比べて増加したことによって，中学生は自分たちの指導効果を実感できたものと思われる。これらのことは，授業後の生徒の感想から窺えるものであった。

授業には生徒全員が意欲をもって取り組んでおり，これらのことから授業内容や授業方法は生徒の学習への取り組みによい影響を与えたものと考えられる。エシカル消費の視点から食品選択ができ，弁当を選択するという消費行動についても，エシカル消費の視点が生かされており，21世紀において持続可能な社会を生きる生徒たちにとって，その基盤ができたといえる。また，エシカル教育の実践は，「消費者市民の立場から，モノとヒトとのかかわりを多角的に思考し，判断する力を育成することが家庭科にとって非常に重要である」[8]と分析されているが，本授業分析においてより明確になったといえる。

消費生活においてエシカル消費行動がとれるようにすることが，より一層自立をすすめることになるので，今後さらに授業開発に取り組んでいきたい。

【引用・参考文献】
1 ）P. グリフィン他編，三宅 なほみ監訳，21世紀型スキル 学びと評価の新たなかたち，pp.21-23，北大路書房，2014
2 ）消費者教育の推進に関する基本的な方針，平成25年 6 月閣議決定，平成30年 3 月変更，
https://www.caa.go.jp/policies/policy/consumer_education/consumer_education/basic_policy/，2018
3 ）文部科学省，中学校学習指導要領（平成29年告示）解説 技術・家庭編，p.14，開隆堂出版，2017
4 ）西村 隆男編著，消費者教育学の地平，p.319，慶應義塾大学出版会，2017
5 ）柿野 成美，消費者教育の未来，p.5，法政大学出版局，2019
6 ）消費者庁，「倫理的消費」調査研究会とりまとめ，「倫理的消費」調査研究会，2017
7 ）P. グリフィン他編，三宅 なほみ監訳，21世紀型スキル 学びと評価の新たなかたち，pp.70-72，北大路書房，2014
8 ）鎌野 育代，青木 佳美，竹吉 昭人，平井 早苗，多々納 道子，小中連携によるエシカル教育の実践，島根大学教育学部紀要 第53巻（教育科学），pp.7-14，2020

家庭科の資質・能力育成のための小・中・高等学校連携カリキュラムの構想に向けて

―食文化概念の整理と深い学びをうながす連携実践の試み―

一ノ瀬　孝恵／日浦　美智代（広島大学附属中・高等学校），
鈴木　明子／村上　かおり／今川　真治／松原　主典／
冨永　美穂子／髙田　宏（広島大学大学院人間社会科学研究科），
梶山　曜子／森　千晴（広島大学大学院教育学研究科院生），
円並地　利江（広島大学附属小学校）

本研究のターゲット

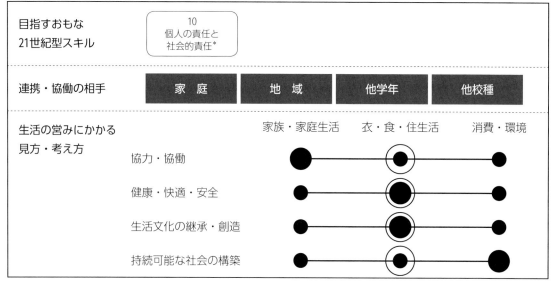

＊異文化理解と異文化適応能力

1. はじめに

　新学習指導要領（2017年告示）では，各教科の本質的な意義をそれぞれの教師が改めて意識し明確にした上で，カリキュラムや授業を構築することが求められている。家庭科では，「生活の課題を見いだし，それぞれの子どもが自分や家族にとっての最適な解決策を追究する過程」を体験させることが教科独自の役割のひとつである。問題解決的に最終的な目標達成を目指すストーリーをつくるためには，各校種別の構想に留まらず，小・中・高等学校が連携して家庭科カリキュラムを構想することが重要である。このような三校種の繋がりと子供たちの発達の特徴に応じた家庭科の学びの特性に注目し，学習内容の体系構築を目指したカリキュラム検討に関する研究で，実践検証まで行った例はみられない。筆者らはこれまでに一連の研究に取り組み，その成果として「生活文化

の継承・創造」を主たるコンセプトとして，小・中・高等学校連携カリキュラムを構想した[1]。また，中学校で展開している食生活題材の成果を検証し，カリキュラムの最終段階の資質・能力の構想案と，逆向き設計（西岡：2008等）[2][3][4]の考え方に基づいてコンセプトの下位概念としての目標案を提示した。そこでは，各校種の児童・生徒の食文化概念に対する認識の実態を踏まえた構想の必要性が明らかになった[1]。

　そこで本報告では，これまでの一連の研究成果[1]と筆者らの調査[5]によって明らかになった小・中・高校生の「食文化」に対する認識の実態と課題，及び食文化概念の整理に基づいて，さらに高等学校の授業を構想，実践した。その実践も含み2017年～2019年にかけて行った中学校及び高等学校の3事例の成果を示すとともに，三校種の接続や体系化の課題を追究することを目的とした。「食文化」の認識の実態は，改訂版ブルーム分類学（Anderson, L.W. 他）における認知過程の次元に準じて，その概念の深まりを評価した[6]。

2．授業実践の背景

（1）　現行カリキュラム（広島大学附属小学校・中学校・高等学校）

　広島大学附属小学校家庭科，同中学校家庭分野及び高等学校「家庭基礎」の食生活学習の展開の現状を図1に示す。新学習指導要領では，小・中・高等学校の学習内容が，ともにA，B，Cの3つの枠に整理され，食生活の内容も体系的に捉えることができるようになった。それによって，家庭科独自に活用し鍛えることが求められる「生活の営みに係る見方・考え方」も，各校種で発達段階に応じて捉えることが可能になり，食生活・食文化概念の構造化に基づいた校種連携にもつながることが期待できる。図1に示すように，現行カリキュラムにおいても，各校種で担う学習目標を保障しつつ，概念化の積み上げの構想がみられる。小学校における「ごはんとみそ汁」の題材で技能習得を中心とする学びを通して得た和食への関心は，中学校及び高等学校における「お米を使った料理の研究」といったプロジェクト研究につながり，さらに「伝統料理」，「行事食」，「世界のソバ料理」，「世界の食文化」などを追究することによって，食文化や食生活を多面的に俯瞰して捉えることにつながっていると考えられる。

（2）　「食文化」認識の調査結果及び考察の概要

　「食文化」概念の整理と発達段階の特徴を捉えるために，2017年9月に，附属小学校5～6年生，附属中学校1～3年生及び附属高等学校1年生の児童・生徒を対象として質問紙調査を行った。ここでは，小・中学校の結果のみ報告する。調査項目は，①「地産地消」，「郷土料理」，「和食文化」概念の深まりを問う項目，②「和食の調理技能」への関心について問う項目，③「地産地消」，「郷土料理」，「和食文化」，「和食の作り方」への関心を問う項目，④「食文化の継承」についての自由記述であった。調査用紙は家庭科の授業内で授業担当者が配布し，その場で回収した。配布部数は300部，回収率は100％で，有効回答率100％であった。自由記述の分析には，IBM SPSS Text Analytics for Surveys バージョン4.0を用いた。属性を表1に示す。調査結果の詳細は既に報告しており[5]，次にその概要を示す。

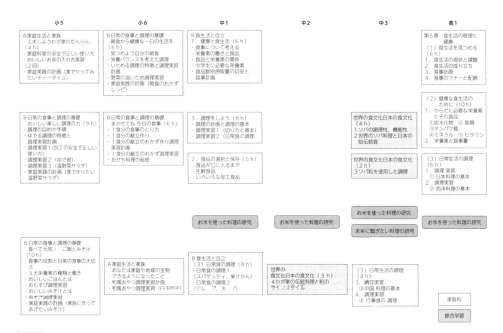

図1 附属小学校家庭科，附属中学校技術・家庭科／家庭分野，附属高等学校「家庭基礎」の
食生活学習展開の現状

表1 調査対象者の属性及び人数（小・中学生）

学年	小学5年	小学6年	中学1年	中学2年	中学3年	合計
男子	32	32	17	34	35	150
女子	30	29	22	33	36	150
合計	62	61	39	67	71	300

① 「和食文化」への関心

　「和食文化」への関心は，小学生では5年生よりも6年生が高く，中学生になると上位学年ほど関心が低くなる傾向がみられた。中学生になると，他の関心事も増え，自分の世界が広がってくることと関係していると考えられる。「和食の作り方」への関心については，中学3年生は，中学2年生より高くなった。このことは，中学3年生での「世界の食文化と日本の食文化」の学習の影響もあると考えられる。

② 「和食文化概念」の深まり

　「和食文化概念」の深まりについては，「地産地消」，「郷土料理」，「和食文化」いずれにおいても小学6年生が最も高い結果となった。一方で，中学生は，「色々な考え方があることを理解し自分なりの考えをもって発信することができる」と回答した割合が学年の上昇につれて微増した。小学生と中学生それぞれの発達の特徴に鑑みて，中学生の方が既成概念を主体的に批判的に捉えられるようになってきていると推察できる。「生活の営みに係る見方・考え方」の「文化の継承・創造」の視点に係る概念化の特徴と捉えることもできよう。

③ 「和食文化継承」に対する意識

「和食文化を次世代につなげていきたい」と思うかの問いについては，どの学年も85％以上の児童生徒が「思う」と答えていた。一方で，中学生は上位学年ほど関心が低く，「どちらでもない」と回答した生徒の割合は高くなる傾向がみられた。その理由についての自由記述では，中学生は語彙数が著しく増え，語彙の関係性も複雑になっていた。このことから，中学生は食文化に対して多面的に認識し，自分なりの考えをもって表現できるようになっていると推察できる。

　このような小・中学生の「食文化」に対する認識の特徴を踏まえると，和食文化の継承・創造の認識を継続的に深め，高める際に課題となるのは，小学6年生から中学1年生にかけて，「和食文化」などへの関心が低下してしまうことであると考えられる。小学生時に芽生えた関心を中学生の認識に即した関心につないでいくための教材開発，題材開発が必要であろう。

（3）「食文化」の解釈と児童・生徒の「食文化」認識

　「食文化」という言葉は，1960年代頃から石毛により「食事文化」として使われ，1980年代には一般にも広く用いられるようになった。石毛は，「食文化は，食料生産や食料の流通，食物の栄養や食物摂取と人体の生理に関する観念など，食に関するあらゆる事項の文化的側面を対象としている。」と述べている[7]。吉田（1998）は，「食文化は，食物の生産から人の胃袋に入るまでをその範疇とする。すなわち，食物をつくること，貯蔵すること，加工すること，までが食文化の範囲であろう。」と言及している[7]。江原（2011）は，石毛，吉田などの定義をもとに，食文化とは，「民族・集団・地域・時代などにおいて共有され，それが一定の様式として習慣化され，伝承されるほどに定着した食物摂取に関する生活様式」とし，「食品の生産，流通から，これを調理・加工して配膳し，一定の作法で食するまで」としている[7]。山上（2012）は，文化を「物理的文化」，「制度的文化」，「精神的文化」の三つに分類し，「食文化とはある地域社会の人々が地域固有の食生活（物質的，制度的，精神的文化）を共有していること」と述べている[8]。このように，食文化の定義は，半世紀の著しい食生活の変化の中で様々な解釈がなされ今日に至っているが，比較的新しい概念である。

　食文化概念を構成する要素として，地域固有の「風土（自然的・歴史的背景）」，その中で作られる「食材・素材」，食材や素材を生かすための「調味料」や「調理法」，そうした知恵や工夫を支える「道具（調理道具・食器）」，様々な要素が組み合わせられることによって形作られる「様式・演出・作法」が挙げられる[9]。それらは「物質的要因」，「制度的要因」及び「精神的要因」に大別することができる[9]。

　中学生の認識の特徴に応じて，食文化への関心を継続させるための工夫として，このような食文化概念の多様な要素を総合的あるいは俯瞰的に捉えることができるような教材を選ぶことが必要である。また，食文化概念の構成要素は，食生活の要素でもあり，家庭科の本質を捉える上で重要な「生活の営み」を支え動かすヒト（自己含む），モノ，環境（人工的・自然的）の相互作用によって営まれる生活を「文化」の視点で取り上げることは，家庭科独自の見方・考え方を鍛えながら，その目標達成のための明示的な指導を行うことにつながる[10]。そこで，中学校では継続的に和食や和食文化について学びながら，最終学年で「麺」を教材として取り上げ，グローバルな視点も加えた実践の提案と成果の検証を行った。高等学校の【実践1】では，江戸時代の食卓を理解し，現代と

比べながら，食文化について考える授業，【実践2】では，世界諸地域の郷土料理を理解し，多国籍化する料理から問題を見いだし，食文化の持続性を考える授業を構想し，実践成果の検証を行った。本実践は，21世紀スキルのうち，「異文化理解と異文化適応能力」の育成につながると考えられる。

３．授業展開

（１）中学校実践の分析及び考察

① 実践題材の展開

本題材では，比較的新しい概念である食文化について，麺の調理や調査活動を通して理解を深め，これからの生活に活かすことのできる授業を展開しようと考えた。小学校では扱っていない主食として麺という教材を扱うことは，中学生として新鮮であるとともに，これまで学習してきた米とあわせて，「主食」という概念を俯瞰して捉えることも可能であり，食文化概念の広がりをねらった。

麺の材料となる代表的な３種の穀物「米，小麦，ソバ（広義に）」を取り上げた。米，小麦，ソバの特徴を理解させた後，３種の粉を用いた麺の調理を体験し，食文化の要素である食材，栄養，道具，調理法，食べ方，自然環境，地域などに注目させた。夏休みの課題として事前に調査した米粉とソバ粉または小麦粉に関することと麺の調理を実践した後に気付いたこと考えたことを各自で整理させ，意見交換し表現することで，食文化についての一人ひとりの考えを深化させた。授業実践は中学校第３学年Ｂ組の生徒24名（男子12名，女子12名）を対象に，2017年8月28日～10月18日に10時間で行った。

ⅰ）題材の目標

麺作りの体験や麺の伝播に関する調査を通して，世界の食の背景にある歴史や文化について理解するとともに，日本人の伝統的な食文化を受け継ぐためにできることを考え，実践する力を育成する。

ⅱ）指導計画と授業の概要

【第一次　米粉・小麦粉・ソバ粉を知ろう・2時間】

〈１〉「人間は何を食べてきたか～麺～（NHKソフトウェア）」を視聴。やせた大地でも育つゆう麦（まい）からゆう麺を作る家族の映像を視聴し，自然環境，食材，道具，調理法，栄養等，さまざまな角度から麺について考えさせた。道具については押し出し式の製麺機がなぜ作られたのかも考えさせた。

〈２〉小麦やソバや米についての原産地や美味しく食べるための工夫について説明し，米粉作りの体験をさせた後，米粉，小麦粉，ソバ粉を実際に観察し比較を行わせた。

【第二次　ソバ粉と小麦粉の麺の調理を体験しよう，米粉の麺の調理を体験しよう・4時間】

〈１〉小麦粉，ソバ粉を使って麺の調理を体験させた。米粉麺は市販のものを使用して試食させた。

〈２〉小麦粉を使用した調理では，手打ちうどんとパスタマシーンでスパゲッティを調理させた。

〈３〉ソバ粉を使用した調理ではゲストティーチャー（広島そば打ち倶楽部会長前浜静男氏他3名）をお迎えし，伝統ソバ打ちを学ばせた。6人一組になり，ソバ打ちの工程を一通り体験させていただいた。

【第三次　食文化について考えよう，食文化を継承しよう・4時間】

〈1〉麺の調理を実践した後に夏の課題とあわせて，気づいたたこと考えたことを各自で整理させ，グループで意見交換させた。

〈2〉未来に継承したい麺料理（地域の食材を加えて）について各自で考えさせ，絵や文字で表現したシートを使いグループ毎にアピールし合った。グループで推薦料理を一つ選んで全体に紹介，その中から今後も食べていきたい料理を実際に調理実践させた。

② 実践授業の成果

「和食文化への関心」については題材前より後の方が「関心があるし大切だと思う」の割合が若干ではあるが増えた。「和食の作り方」については「関心があるし大切だと思う」が増えている一方「関心もないし大切だと思わない」生徒（男子）もみられた。「和食文化概念の深まり」は，題材前より後の方が「聞いたことがある」や「知っている」などの割合が減っていた。生徒が和食という概念を簡単に（抽象的，観念的に漠然と）とらえていたけれども，授業後に奥深いものであったことがわかり，生徒の中で，和食に対する概念が深まった，あるいは和食の具体がわかったのではないかと推察された。一方で，「色々な考えがあることを理解し自分なりの考えをもつことができる」や「発信することができる」などの割合が増えていた。これは，本題材を通して，和食文化を自分たちが受け継ぐために何ができるかを生徒たちが思考することができたのではないかと推察される。

「和食文化を次の世代につなげていきたい」と思うかは題材前より後のほうが「思う」の割合が増えており，「どちらでもない」の割合が減っていた。「思わない」と回答した生徒はいなかった。「思う」の自由記述をみると，題材後では「文化」との間に「私」や「自分自身」といった単語が出現しており，本題材を通して，和食文化を受け継ぐ主体としての認識が生徒たちに芽生えたのではないかと推察される。

題材前より後の方が和食文化への関心が高まり，「色々な考えがあることを理解し，自分なりの考えをもつことができる」や「色々な考えがあることを理解し，自分なりの考えをもって発信することができる」の割合が増えていた。また自由記述においても，「私」，「自分自身」と関連付けた記述がみられ，本題材の学習を通して，和食文化を主体的に捉えて，自分たちが受け継ぎ，発信するために何ができるかを生徒たちが思考することができたのではないかと推察できる。

（2）高等学校実践の分析及び考察

【実践1】

① 実践題材の展開

本題材では，「江戸時代の食卓」を切り口に，グローカルに食文化の特徴を探らせながら，地域に根付いた食について体験的に理解させ，自分の食生活を振り返りつつ，これからの食生活を創造しようとする力を育む授業を試みた。グローバル化された食生活の中に地域の伝統は残っているのか，電子レンジや冷蔵庫のない江戸時代に完成した和食に目を向け，料理を追体験することで現代の食卓には何が必要なのか，これからの生活や生産の中で，地域の文化や多様性をつないでいく工夫をさせようとした。授業実践は高等学校第I学年1組の生徒41名（男子23名，女子18名）を対象

に，2018年9月25日〜10月30日に9時間をかけて行った。

ⅰ）題材の目標

〈1〉日本と世界の料理から食文化の特徴を探り，共通点や相違点を明らかにしたうえで，和食が発展した江戸時代の料理を再現することができる。

〈2〉現在の食生活の問題点を見いだし，食文化の継承を考慮した献立作成や調理実践ができる。

〈3〉よりよい食生活の創造について考え，工夫することができる。

ⅱ）指導計画と授業の概要

　事前の学習として夏休みに①江戸時代の日本の料理の特徴（食材や食べ方）と代表的な料理（1品）について調べること，②世界の代表的な料理について，1つの国（都市）をとりあげ，料理の特徴と代表的な料理（1品）について調べることを課した。

【第一次　世界の料理・日本の料理と食文化の特徴・2時間】

　日本と世界の料理から食文化の特徴を探り，共通点や相違点を明らかにしたうえで，和食のイメージを個人からグループへ範囲を広げて考えさせながら，和食の条件をまとめさせた。

【第二次　江戸時代の料理の再現・3時間】

　和食が発展した江戸時代，庶民の食生活がどのようなものであったかを理解させるため，当時の料理を再現させた。当時流行った「見立番付」のひとつ「日々徳用倹約料理角力取組」のおかず番付などを参考にしながら献立を作成し，菜飯，茶巾豆腐，きんぴらごぼう，紅白なます，なすの味噌汁の調理を実践した。

【第三次　江戸の食卓と現代の食卓・1.5時間】

　再現させた料理をふり返り，食材・調味料・食べ方・調理方法・味について気づきや感想をまとめさせた後，グループで江戸時代の料理と食生活の特徴を話し合わせた。江戸時代には多くの料理本が出版されていることや浮世絵及び錦絵を通して当時の食卓について紹介し，地域や家庭で受け継がれてきた料理を伝承することについて多角的に考えさせた。（資料1，2）

【第四次　これからの食生活を創造する・2.5時間】

　前時までに，約200年前の江戸時代後期の食卓について学んできたが，それから約100年経た1920年頃の食卓はどうだったのか，書籍「日本の食生活全集」（農文協）を繙きながら，食の特徴や代表的な食材・料理についてまとめることで，現在の食生活と比較をさせた。最後によりよい食生活を送るために必要なこと，今度どのようなことに注意して食生活を送るか，和食とは何かを説明させ，和食の調理メニューを考えさせた。

②　実践授業の成果

　授業後の「和食とは何か」のワークシートの回答として，次のような記述がみられた。

・素材そのものの味を活かし，食材の旬も考えられているため，「和食」として世界に幅広く認知されている類稀な料理。上品さや美しさを兼ね備えた他国に誇れる素晴らしい料理。（男子）

・和食とは素材の味を活かし，うま味を大切にしている。野菜を多く用いヘルシーである。けれど様々な調味料を用いているため塩分がある。古くから歴史があり，とても伝統的である。出汁を使った料理も多くうま味を活かしている。（女子）

・日本人が好む文化や日本の植生を活かし，独特な料理方法と中国など大陸からやってきた料理方

法が融合して成立しているもの。保存食としての役割がある。（女子）

・和食とは素材そのものの味を生かした料理。そのため比較的薄味ですが，味わい深いものだと思います。また和食は箸を使います。箸には様々な作法が存在し，和食ではそれを守る必要があります。さらに，和食では重要な役割を担う調味料があります。醤油やみそなど塩分を多く含むものが多いです。ただ，和食の多くで用いられる出汁はどれも素材の味を活かしたものです。和食は素材そのものを活かすという特徴から，日本の食べ物の特徴などがみられます。（男子）

・見た目の美しさのみならず，作法やシチュエーション，人の健康にも気を使って作られた日本の伝統食。（女子）

　以上のように，過去と現在を比較して時間軸によって食文化を捉えたことにより，食文化の各構成要素への認識が深まり，主体的，多面的に，俯瞰的に食文化を認識できるようになった生徒が多くみられた。食生活や食文化への認識が，さらに深まったと考えられる。

○江戸時代の食と社会

西暦	和暦	将軍(代)	食材・食品・料理	料理書	出来事	
1603	慶長8	家康(初)			江戸幕府開府	
1605	慶長10	秀忠(2)	とうがらし・南京伝来			
1610	慶長15		さとうきび栽培法伝来(奄美大島)			
1612	慶長17		豊島屋白酒販売(江戸)			
1624	寛永元	家光(3)	カステラ製造(長崎)			
1626	寛永3				幕府饗宴の華美を禁止	
1630	寛永7			和歌食物本草		
1633	寛永10				第一次鎖国令発布	
1642	寛永19			料理切形秘伝抄	冷害凶作(寛永の大飢饉)	①以後の料理集に影響を
1643	寛永20			① 料理物語		材料・調理法が書いてある
1645	正保2		八丁味噌創製(三河)		塩田開発(赤穂)	「歓の部」あり
1649	慶安2		米酢製造(名古屋)			野菜類→ 青物
1652	承応元	家綱(4)				大根, さといも, よもぎ, はこべ
				包丁書録		
1657	明暦3		奈良茶飯屋(浅草)茶飯,汁		明暦の大火(江戸の太半消失)	調味料→塩, みそ, 酢
1658	万治元		寒天製造			しょうゆはまだ使用されない
1659	万治2		普茶料理(黄檗山萬福寺)			
1661	寛文元				夜間の煮売り営業禁止(江戸)	
1662	寛文2		けんどんそば(江戸)			
1668	寛文8			② 江戸塩梅集		②, ③は系統的で充実
1674	延宝2		鰹節の燻乾(土佐)	③ 江戸料理集		
1675	延宝3				諸国で飢饉(延宝の大飢饉)	
1687	貞享4	綱吉(5)	鮨屋(江戸)1687年		生類憐みの令発布	江戸中期…社会が安定
1689	元禄2		牛肉の味噌漬け考案(彦根藩)			
1695	元禄8			本朝食鑑		

資料1　江戸時代の料理本を紹介した年表

資料2　箱膳

【実践2】

① 実践題材の展開

　本題材では，世界諸地域の郷土料理を切り口に，グローバルな視点に立って現状を見つめ，変わ

り続ける食文化をどのように継承すべきかを考えさせ，環境に配慮した生活実践力の育成及び持続可能な社会をめざす上で必要なライフスタイルを確立できる授業を試みた。授業実践は高等学校第Ⅰ学年2組の生徒39名（男子21名，女子18名）を対象に，2019年10月15日〜12月3日に9時間をかけて行った。

ⅰ）題材の目標

〈1〉日本と世界の食文化に注目し，古くからの食文化に蓄積された知恵や経験について調査し，考察することができる。

〈2〉世界諸地域の郷土料理づくりを体験し異文化理解を深めるとともに，国際化や情報化に伴い多国籍化する料理から，問題を見いだし，食文化の持続性を考えることができる。

〈3〉持続可能な社会をめざし，安全安心な生活と消費及び生活文化について考察し，ライフスタイルを工夫することができる。

ⅱ）指導計画と授業の概要

事前に世界8か国（日本，ノランス，トルコ，中国，メキシコ，イタリア，ペルー，韓国）のうち，1か国の郷土料理について調査することを夏の課題とし，地域の気候風土や歴史的背景，郷土料理の材料及び作り方をまとめてさせた。

【第一次　食生活の変化と現状・2時間】

郷土料理のイメージを個人からグループへ広げていきながら，郷土料理イメージマップを作らせた。また，eco検定（技術評論社）のクイズや，「料理人たち，炎の東京オリンピック（NHK2004年）」の視聴を通して，食文化について考えさせた。（資料3）

【第二次　世界と日本の食文化理解・1時間＋課外】

夏休みに調査した国の郷土料理の材料や作り方，特徴を英語で表現させた。その際，料理に関する英単語をまとめたプリントや英語の料理本を参考資料として提示し，英語教諭に添削をしていただいた。

【第三次　世界諸地域の郷土料理の体験と紹介・5時間】

グループで郷土料理のポスターを作成し，生徒が調査した郷土料理の中からメキシコのタコス，フランスのキッシュ・ロレーヌ，トルコのイズミル・キョフテ，ペルーのセビーチェを調理し試食させる中で，郷土料理の特徴や魅力を意見交流しながらまとめさせ，郷土料理はなぜ継承されてきたのか，継承していく上での問題点があるかを考えさせた。（資料4）

【第四次　持続可能な食文化・1時間】

美味しさと食文化について再考させ，新聞記事より代替肉や温州ミカンを取り上げて，自然と共存しながら食を楽しみ工夫するにどうしたらよいか，すなわち食文化の持続可能性について考察させた。

② 実践授業の成果

自然と共存しながら食を楽しみ工夫するためにどうしたらよいか，生徒は次のように述べている。

・自国の自然だけでなく他国の自然に対しても責任を背負っているので，輸入のために使う燃料やそれを使うことで出している温室効果ガスを減らさねばならないこと，そのために世論が動くことが必要であるから，現状を多くの人々が正しく知り自身の問題として考えることが重要だ。（男子）

・食品ロスをなくす努力を続ける，購入を検討している食品についてトレーサビリティを利用してその出所を調べる，食品に関する技術を評価してよりよいと考えた技術が使われている食品を買うようにする。（男子）

・郷土料理はある地域に限られた食文化で，その地域の人々が食べなくなったらその料理はこの世界から消滅してしまう。また，世界中の人々が地元の料理を失い，同じ食べ物を食べるようになると食の「多様性」という素晴らしさが失われるだけでなく，同じ様な食材ばかりの需要が高まり食料の供給が困難になるかもしれないので郷土料理は継承していきたい。（女子）

消費者としての具体的な行動を示す生徒が多く，また持続可能な食文化について深く考えようとする姿勢がみられた。

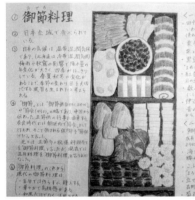

資料3 夏の課題（生徒の調査）　**資料4** ポスター作成

4．おわりに

小・中・高等学校6年間の連携カリキュラムの構築に向けて，食生活・食文化概念の体系化に係る次のような示唆を得た。まず，小学生と中学生の間に食文化などの概念認識の差異がみられ，その時期の変化を捉えることができた。また，中学3年生には空間軸による視点の広がりを，高校1年生にはさらなる空間軸の広がりと時間軸による視点の広がりを期待して，それぞれ授業を構想，実践し，その成果を捉えることができた。

これらの結果に基づいて，食文化概念の認識は，学習者の個人差も考慮しつつ，次のような校種別特徴に基づいた展開が考えられる。小学校では基礎的・基本的な知識及び技能を習得することを通して関心の発現を促し，中学校では批判的思考力の育成を考慮しながら，食文化概念の広がりを促す教材を用いて展開し，高等学校では，さらにその広がりと深まりを促し，主体的で創造的な食文化認識の育成を目指す工夫を行うことである。このような展開によって「生活の営み」に係る見方・考え方が，それぞれの校種の子供たちの中で鍛えられていけば，家庭科の目標達成につながるであろう。

今後も，小・中・高等学校連携カリキュラムに必要な要点と課題を引き続き検討していきたい。

【引用・参考文献】
1）**一ノ瀬 孝恵他**，「家庭科の資質・能力育成のための小・中・高等学校連携カリキュラムの構想―共通コンセプトの検討と学習内容の体系化―」広島大学学部・附属学校共同研究機構研究紀要，第45号，2017
2）**西岡 加名恵**，『「逆向き設計」で確かな学力を保証する』明治図書，2008
3）**西岡 加名恵**，「教科と総合学習のカリキュラム設計」，図書文化，2016
4）**西岡 加名恵**，「アクティブ・ラーニングをどう充実させるか　資質・能力を育てるパフォーマンス評価」，明治図書，2016
5）**一ノ瀬 孝恵他**，「家庭科の資質・能力育成のための小・中・高等学校連携カリキュラムの構想―食文化概念の整理と深い学びをうながす連携実践の提案―」広島大学学部・附属学校共同研究機構研究紀要，第46号，2018
6）**西岡 加名恵**，「新しい教育評価入門―人を育てる評価のために―」，有斐閣，2016
7）**江原 絢子・石川 尚子**，『日本の食文化―その伝承と食の教育―』アイ・ケイコーポレーション，5，p.3，2011
8）**山上 徹**，『食文化とおもてなし』，学文社，p.3，2012
9）**農林水産省**，「食文化に関する資料」，p.3，2016
10）**文部科学省**，「幼稚園，小学校，中学校，高等校及び特別支援学校の学習指導要領の改善及び必要な方策等について（答申）補足資料」，2017

■ 教材紹介 ■

ワールドカフェで1年生が育てた大根を
メニュー化してともに味わう

粟井　麻由（福山市立日吉台小学校）

【実践の詳細】

日　　時	2020年（令和2年）1月23日（木）
学年・組	6年2組（32名）
単 元 名	まかせてね，今日の食事

1．何を学ぶか【これまでの学びをふまえて】

【これまでの学び】

　健康を保ち，体の成長や活動のもとになることや，一緒に食事をすることで楽しく人と関わったり，和やかな気持ちになったりするといった食事の役割が分かり，日常の食事の大切さと食事の仕方について理解を深めてきた。また，調理の基礎を学び，材料に適した洗い方，調理に適した切り方，味の付け方，盛り付け，片付け等の技能も身につけてきている。

【本単元では】

　体に必要な栄養素の種類と主な働きについて理解し，料理や食品を組み合わせてとる必要があることを理解させる。献立を構成する要素が分かり，一食分の献立について栄養のバランスを考え工夫し，作成の方法について理解することをねらいとしている。

2．学習課題の必然性

・三つのグループの食品を組み合わせたり，主食・主菜・副菜などの料理を組み合わせたりすることにより，栄養のバランスがよい食事になることを理解させる。自分が考えた献立について，発表し合う場を設定し，栄養のバランスを考慮した献立になっているか振り返られるようにする。その時に，各料理で使用した食材を書き出し，どの栄養素に分類できるのか確かめる時間をとる。また，家庭学習で調理の課題を設定し，好みや味付け等の人の為に食事を考えること，おうちの方からコメントをいただくことで，改善して生活に活かそうとする児童を育てる。

・今回は1年生が畑で育てた大根を貰ったところから，お礼に1年生に感謝される喜びを感じるなど，調理の良さを実感できるようにする。同時に，調理への自信を持たせ，日常生活に活用しようとする意欲につなげるようにする。

3．学習過程案（12時間）

時	○学習活動案 ・予想される児童の反応	●教師の関わり ◇学習用語 ◇思考用語	【観点】 評価（方法）
一次 ①	○一食分の献立を考える。一食分の献立に必要なことを考え，自分なりに献立の工夫ができる。	●献立を考える要素を確認する。 ◇主食，主菜，副菜 ◇旬 ◇五大栄養素	【関心・意欲・態度】 自分の食事を振り返り，栄養バランスについて気づいたことを献立作成に生かそうとしている。
②	○自分が考えた献立を栄養面に着目して見直したり新たに考えたりする。	◇炭水化物，脂質 タンパク質，無機質，ビタミン	
二次 ③	○料理実習に向けて計画を立てる。		
④　⑤	○料理実習を行う。		
⑥	○調理実習の振り返りを行う。		
⑦	○自分が家族に向けて作ってあげたい献立を調べたり考えたりする。	●彩りや味付け，季節感なども考えられるようにする。	【技能】 材料や目的に合った洗い方，調理に合った材料の切り方，味付けができる。
三次 ⑧	○班で条件を入れた献立を考える。	◇旬の食材 ●大根を使うことを条件に献立を考える。	
⑨ 本時	○班で考えた献立について全体で交流する。 ・めあてを確認後，班でプレゼンの練習を行う。その後，各班プレゼン担当とリサーチ担当に分かれ，全ての班が発表を行う。発表が済んだら，自分の班へ戻り自分の班の献立を再度検討する。 ・献立を考える時に一番大切にしたことや各班交流しての気づきや感想を発表する。	●調理の仕方で，生で食べるとシャキシャキした食感，煮るとトロトロと甘みが出る等，味や食感の違いを感じられるようにする。	【創意工夫】 栄養バランスを意識し，食品を組み合わせて献立を考えている。
⑩⑪ ⑫	○自分達が考えた献立の中から副菜を作成する。 ○単元の学習を振り返る。	●基本的な料理の仕方について確認する。 ●自分がこの単元で学んだことを振り返る。	【知識・理解】 栄養バランスを考えた一食分の献立の立て方を理解している。

4．本時の流れ

時	○学習活動案 ▲教師の発問 ・予想される児童の反応	●教師の関わり ◇学習用語 ◇思考用語	【観点】 評価（方法）
導入 14:30	○ワールドカフェ形式で各班が考えた献立を交流する。 ▲条件に合った献立をみんな考えてきましたね。他の班がどのような献立を考えたのか気になるよね。今からリサーチに行ってもらいます。でも，自分達の班の献立を説明する人も必要です。説明する人・リサーチする人の二組に分かれましょう。リサーチする人は，質問したりしていいですよ。その班の献立のいいところや売りを多く見つけてきてください。	・五分で説明する人・聞く人を交代する。 ・リサーチ係は，必ず取り入れたいこと，参考になったところを二つ以上見つけてくる。	【創意工夫】 栄養バランスを意識し，食品を組み合わせて献立を考えている。
14:40	○自分達の班に帰って，交流する。 ▲聞いたことを交流して下さい。		
14:50	○他の班を見て，自分達に取り入れたいなと思ったことや参考になったことを出し合う。 ▲他の班を見て，自分達に取り入れたいなと思ったことや参考になったことはありますか。 ・食感を大事にしていた。 ・栄養バランスが良い ・野菜がたくさん入っている ・冬だから温かい物 ・金銭面で安上がり ・苦手なものもおいしく食べられる工夫 ・和食ベース ▲いろいろ出た中でこれが特に大事だと思うものを三つぐらいに絞るとしたらどれだろう。 ◎栄養バランスがよい 　➡肉・野菜・米 　➡赤・黄・緑など ◎組み合わせ 　食べ方…大根➡サラダ（副菜） 　　　　　　　ブリ大根（主菜） 　　　　　　　味噌汁（汁）	◇主食，主菜，副菜 ◇旬 ◇五大栄養素 ◇炭水化物，脂質 　タンパク質，無機質 　ビタミン	【知識・理解】 栄養バランスを考えた一食分の献立の立て方を理解している。
15:10	◎メニューの組み合わせ 　和食・洋食・中華・イタリアン ○今日の学習をふまえて，実際に自分達が一年生に作ってあげたいスープ部門・サラダ部門を決める。		

5．ワークシート

図1　家族のために作りたい　　メニューの例①

図2　家族のために作りたい　　メニューの例②

図3　大根についての調理　　メニューの例①

6．授業風景や調理実習の様子

写真1　班ごとにメニューを考えた

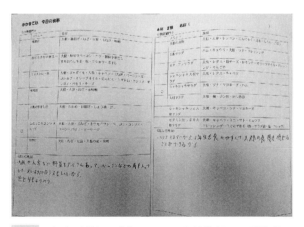

図4　各班が考えた大根メニューを汁物部門と副菜部門　　に分けて選んだ

図5　大根についての調理　　メニューの例②

調理実習では，材料の分量や手順は伝えたものの，1年生のための食材の切り方までは指示していなかった。入れる材料に合わせ，細切りにしたり，半月切りにしたりと切り方の工夫が出来ていた。大根サラダでは，カイワレ大根の苦味が緩和するよう，手作りドレッシングにレモン汁を加え，爽やかさを加えたり，味塩を加えたりと工夫が見られた。スープでは，トウモロコシ・人参・大根・ソーセージの他にネギの代わりに大根の葉を入れ，彩りのよいスープとなった。

　一年生が「美味しい。」と食べている様子を見て，「自分達が美味しく食べることが給食の先生は嬉しいと給食の先生の気持ちが分かった。」と感謝をもった児童や，「今回作ったものに工夫をしてお家の人に作ってあげたい。」という意欲をもった児童もいる。調理実習以外でも学校で学んだことを，進んで家庭でも実践できる児童を育成していきたい。

写真2　1年生が収穫した大根のお披露目

写真3　6年生が美味しい料理に調理するよ

写真4　大根を使った調理①

写真5　大根を使った調理②

写真6　大根を使った調理③

写真7　大根を使った調理④

写真8　1年生による大根サラダとスープの試食①

写真9　1年生による大根サラダとスープの試食②

写真10　1年生による大根サラダとスープの試食③

図6　1年2組から6年2組に届いたメッセージ①

図7　1年2組から6年2組に届いたメッセージ②

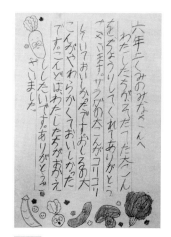

図8　1年2組から6年2組に届いたメッセージ③

■ 中学校　住生活

よりよい地域づくりを考える
―モデルタウンの20年後を予測しよう―

中井　克美（山口県萩市立萩西中学校），西　敦子（山口大学教育学部）

本研究のターゲット

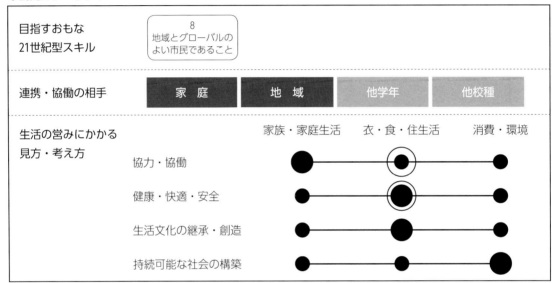

目指すおもな21世紀型スキル	8 地域とグローバルのよい市民であること

連携・協働の相手	家　庭	地　域	他学年	他校種

生活の営みにかかる見方・考え方

	家族・家庭生活	衣・食・住生活	消費・環境
協力・協働	●	◉	●
健康・快適・安全	●	◉	●
生活文化の継承・創造	●	●	●
持続可能な社会の構築	●	●	●

1．教材開発にあたって

（1）生徒の実態

　生徒に地域との関わりについてアンケートを行ったところ，①ほとんどの生徒が，地域の人々と交流する機会をもっている，②交流の機会は，運動会やラジオ体操などのイベントへの参加が半数，地域の祭り等への参加は4割程度であったが，清掃活動や行事の準備，廃品回収など地域への貢献は3割に満たない，③20年後の生活をたずねると，生徒の半数が山口県内で生活し，家族構成は核家族が約4割，大家族26％，単身26％，単身で父母，祖父母と生活すると答えた生徒が6％，という結果であった。

　これらのことから生徒は，地域との関わりをもつことは納得しているものの，地域の一員としての貢献は少なく共助の意識が低いこと，漠然とした将来設計はあるが高齢化や少子化の問題は切実でないとわかった。このままでは，生徒が成人し地域の中心となって支える時になって高齢化や少子化の問題が重くのしかかり，対応が遅れることが予想される。

（2）教材づくりの視点

　災害時に地域の共助の力が重要であることは，多くの災害の経験から認識されている。中学生も例外ではなく，共助の担い手としての大切な役割をもっている。しかし，これまでの「地域との関わり」の学習では，「地域」という漠然とした題材を取り上げていることや，生徒一人ひとりの生活区域が広範囲にわたっている本校の実態から，学校生活が地域の一員としての生活とかけ離れているため，自分が地域の一員としての役割を担っているという意識は形成されない。そこで，「高齢社会白書（内閣府）」が示すデータを視覚化して，現在と20年後を比較させ，生徒に自分の生活する地域が少子化や高齢化の問題に脅かされることに気づかせた。地域の未来を考え，中学生の立場から地域の一員として積極的に関わっていく方法を模索することで，よりよい地域づくりの重要性を知り，さらにその後学習する「衣食住の生活」や「消費生活・環境」といった学習内容が，地域に根ざした実践的な学習に結びつき，生活主体者としての在り方を考える基礎になると考えた。

2．学習指導案

・主眼

　モデルタウンの20年後を予測し，よりよい地域（場所）を創っていくためにどのような取組みをしていく必要があるのかを考え，そのために中学生ができる対策を考える。

・授業の過程

学習内容及び学習活動	生徒の反応	教師の手だて
①前時のふり返りと本時の確認をする。	・地域づくりって何だろう。 ・大人のやることだから，中学生の自分たちには関係ない。	①前時はたくさんの人々に支えられて生活していることに気づいた。本時はよりよい地域づくりのために中学生ができることを考える。
②暮らしたい場所とはどんな場所か考える。	・安全，安心な場所 ・災害がない場所 ・雇用がある場所 ・買い物しやすい場所 ・交通の便がいい場所	②自分が大人になって暮らしたい場所の条件を挙げさせる。 ・生徒のアンケート結果を参考に考えさせる。
③地域に暮らす人々の20年後を予測する。	・高齢化，インフラの老朽化，雇用の衰退，店舗の撤退。 ・暮らしたい場所とは言えなくなる。 ・暮らしやすい場所だと思っていたのに，何もしないとどんどん暮らしにくくなる。こんなはずではなかった。	③現在モデルタウンに住む人々と，20年後のモデルタウンに住む人々を比較させ，変化に気づかせて発表させる。 ・モデルタウンは「高齢社会白書（内閣府）」を参考に制作する。

学習内容及び学習活動	生徒の反応	教師の手だて
よりよい地域づくりに中学生はどのように取り組んだらよいか		
④よりよい地域づくりのための提案を考える。	・社会的弱者をいたわる。 ・地元で買い物をする。 ・地域の行事に積極的に参加する。 ・困っていること，気づいたことを提案する。	④様々な課題を解決していくために中学生が取り組める対策をまとめ，発表させる。 ・地域に出かけ，課題に気づく眼をもつことや発信していくことの重要さに気づかせる。 ・生徒の半数が山口県内で生活したいと考えていることから，山口県の暮らしやすさが大きく影響することを知らせる。
⑤本時のまとめをする。	・中学生がよりよい地域づくりに携わることが大切である。そのためにも知識や技能を身につける必要がある。	⑤授業の取組みを反省させ，学習内容や興味をもったことや疑問点，今後実践できることなどについて感想を書かせる。次回は高齢者の身体の特徴。

3．授業展開

　授業は，総務省統計局「国勢調査結果」や内閣府「高齢社会白書（2017年度）」，国立社会保障・人口問題研究所「日本の将来推計人口（平成24年度1月推計）」などを元に，イラストでモデルタウンをつくって紹介した。生徒は，数値だけを並べてもなかなかイメージがわかず理解できない。また「少子高齢化」という言葉は幾度となく耳にするが，それが将来どのような影響を与えるのか想像できていない。そこで，その数値をイラストで示したところ，生徒は楽しそうに読み解いていくことができた。

4．教材

メゾン NAKAI 〈2017年〉

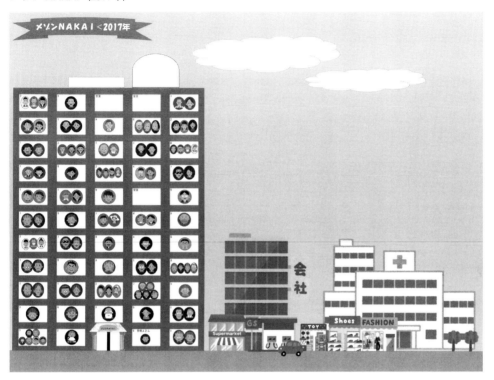

メゾン NAKAI 〈20年後〉

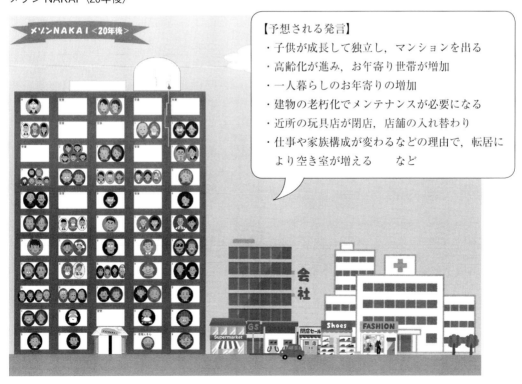

【予想される発言】

・子供が成長して独立し，マンションを出る

・高齢化が進み，お年寄り世帯が増加

・一人暮らしのお年寄りの増加

・建物の老朽化でメンテナンスが必要になる

・近所の玩具店が閉店，店舗の入れ替わり

・仕事や家族構成が変わるなどの理由で，転居に
　より空き室が増える　　　など

モデルタウンのイラストを比較し，20年後の家族構成や住まい方，近隣環境の変化などを予想させる活動後，下記資料（中井作成）を提示した。データに基づいて作成したメゾンNANAIの住人の構成比である。2枚のイラストを比較して，単純に「間違い探し」をするのではなく，将来の日本を推計していることを告げた。

　その結果，モデルタウンで起こっていることが実は日本全体で起きているのだと知って，生徒は危機感を高めた。そして，生徒は「自分たちにできることを見つけなければ大変なことになる」と考えた。

人口統計年齢別構成比

資料：国立社会保障・人口問題研究所「日本の将来推計人口（平成24年1月推計）」の出生中位・死亡中位仮定による推計結果

5．生徒の意見と変容

「よりよい地域づくりに中学生はどのように取り組んだらよいか」の発問に対して，生徒は次のような意見を述べた。いずれも具体的で実践に取りかかりやすい方策を見いだしている。

- ・地区清掃や避難訓練に参加する
- ・地区のお祭りに参加する
- ・地域の店を使う　　　　　　　　　　　（地域での経験からの取組）
- ・高齢者，子ども等をいたわる
- ・危険な箇所や壊れた箇所を大人に伝える

- ・しっかり挨拶をする
- ・ゴミを落とさない，拾う　　　　　　　（日常的に行っている取組）
- ・公共物を大切にする

- ・授業や部活動などで活躍して応援してもらう
- 　　　　　　　　　　　　　　　　　　　（情報発信の取組）
- ・ホームページやSNSで故郷の良いところを発信する

　授業後の感想では，「自分たちにはできないと思っていたが，やれることがたくさんあることが分かった」「いつも自分たちがやっていることが地域をよりよくすることにつながるんだと思った」などがみられ，「よりよい地域づくり」を自分事として捉えることができていた。また，毎年実施している夏休みの課題「家族や地域の人を笑顔にするための実践レポート」であるが，例年，「家族のために」部屋を片付けた，掃除した，物をつくったというレポートが提出される。しかし，この授業を終えた後のレポートは「地域の人々のために」家のまわりのゴミを拾って歩いた，「地域の人に」積極的に挨拶をした，「町内の」お祭りの手伝いをしたと言った，地域との関わりを重視したレポートが見られた。

6．まとめ

　本授業は，生徒に地域の一員であるという自覚を促すための授業であり，この授業によって，生徒は学校で取り組んでいるボランティア清掃やあいさつ運動が地域を元気にしていることを理解し，地域の一員として積極的に関わりをもつことが，地域をより住みやすくすることに気づく。これが自信と意欲になり，生徒の地域への貢献がよりいっそう実現されるものになったといえる。

■ 中学校　衣生活

地域の伝統行事衣装を含む
和服文化に関する授業開発

―ESD の視点も含め―

楢﨑　久美子（広島女学院大学），池田　並穂（広島なぎさ中学校・高等学校）

本研究のターゲット

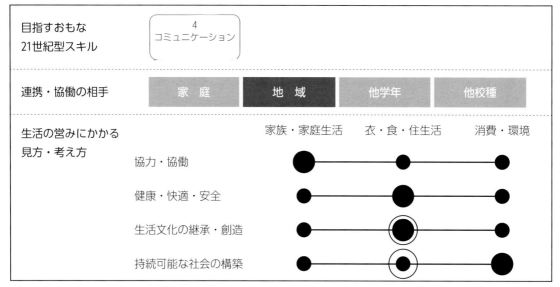

| 目指すおもな21世紀型スキル | 4 コミュニケーション |
| 連携・協働の相手 | 家庭　地域　他学年　他校種 |

生活の営みにかかる見方・考え方

	家族・家庭生活	衣・食・住生活	消費・環境
協力・協働	●	●	●
健康・快適・安全	●	●	●
生活文化の継承・創造	●	◉	●
持続可能な社会の構築	●	◉	●

1．はじめに

　中学校の新学習指導要領では日本の生活文化に関する内容の充実が図られ，多くの現場で和服を取り入れた授業の開発や実践が行われている。しかし，現代社会において，和服は日常着とはかけ離れた存在であるため，学習者にとって身近なものとして考えるのが難しいのが現状である。同時に和装文化とそれを支える技術が衰退している現状の中，どのように今後継承していくのかについても課題となっている。

　これらを受けて，本実践では学習者に様々な和服に実際に触れてもらうことを通して，洋服との構成や特徴の違いを知り，衣服に関わる基本的な知識を習得させることを目的とした授業展開を計画した。さらに，和服を取り巻く現状や課題を紹介した上で，これからの和服文化について考えさせることで，持続可能な発展のための教育（ESD）としてこの実践を位置付けたいと思う。

　また，本実践は21世紀型スキルのうち，「4．コミュニケーション」との関連を踏まえ，和服を観察し，気付きを発表するワークを，個人作業ではなく，グループワークとして行うことで，自身の意見を発信し，また他者の意見を受け止める姿勢を育むことを狙いとした。

　なお今回教材に用いた和服には，地域の伝統行事に用いられる衣装を含めることで，地域と連携する授業としても研究・実践を行った[注1]。

2．授業実践のための基礎知識

　これまでの和服を取り扱った授業実践では，中学校や高等学校の現場において主に浴衣の着装体験が多く見られるが，授業時間の短さや全員が着用するために必要な教材の確保，指導者の着付け能力などに問題があった。そこで本授業では，着装することに主眼を置くのではなく，まずは衣服の構成と役割を知ることを目標とし，用途の異なる和服に触れることで，普段着ている洋服との共通点や相違点，またどちらにせよTPOがあるということを実感できるよう工夫した。

　今回の実践で用意した実物資料は，①広島県安芸太田町で使用されている伝統芸能「殿賀田楽花田植え」の早乙女と胴取りの衣装[注2]，②男女それぞれの浴衣と帯と下駄，③巫女装束，④振袖と帯と草履，帯締め，帯揚げ，伊達締め，腰紐，帯枕，⑤弓道用道着と帯と袴の5種類である。①が使われている場所は実践校と決して近い地域にある訳ではないが，かつての広島県及び中国地方のあちこちで行われていた田植え行事という歴史的つながりと，学習者の日々の主食である米という生活的つながりを包括することからこの実践の資料として有用であると考えている。②については，広島市では例年6月上旬に浴衣の着始めの祭りである「とうかさん」もあり，学習者に最も身近な和服の資料であると位置付けている。③については，学習者自身で着る機会があまり多いとは言えないが，世界遺産である宮島の厳島神社などをはじめ，正月の初もうでなどで目に留まりやすく，認知度の高い和服の資料として位置付けている。④については，学習者がフォーマルな場において着たり見たりする可能性があるもので，晴れ着として認知度は高いが，着装した状態でしか見る事のない，特別感のある和服の資料として取り上げた。⑤については，日本の武道に関わるもので，巫女装束の袴が襠ナシであるのに対し，襠があり，袖に袂がなく動きやすさを重視した和服として位置付けている。

　このように和服といっても，構成や用途が異なる和服資料を提供することにより，新学習指導要領でも明記されている，実物資料を多く用いた実践的・体験的な学びを通して，学習者に，今現在そして将来に向けた様々な視点の獲得を促す効果も期待した。

3．授業展開（授業計画・指導案・ワークシート・授業風景）

（1）　指導案（50分×2時間＋休憩時間10分＝110分）

学習活動	指導上の留意事項（◇） ◆「努力を要する」状況と判断した生徒への指導の手立て	評価規準 〔観点〕 （評価方法）
1．これまでの和服の体験を振り返る。（6分） 〈予想される答え〉 　着用体験は100％（七五三，浴衣，柔道着など和のスポーツのユニフォーム），旅館浴衣，ふんどし，侍の服，気持ちは「苦しい」「暑い」「動きにくい」「脱げやすい」など	◇できるだけ多くの生徒に聞き，答えを板書する	
2．本時のテーマを知る（1分）	テーマ：和服のことを知って，自分の衣生活をもっと豊かにしよう！	
3．経験をもとに和服と洋服と比較し，共通点，相違点を考え，ワークシートに記入する。また，発表を聞いて，自分と異なる視点を知る。（10分） 〈想像される答え〉 　うすい，派手，重い，動きにくい，着にくい，洗濯が大変そう，種類が少ない，寒そう，暑そう，破れやすそう，など。 ・自分が書いた意見以外もワークシートに書き込む。	・導入の質問をもとに，洋服と比較させ，個人で考えさせる ・考えた内容を挙手または指名で発表させ，指導したい内容と関連させる。 ◆発言に対し，できるだけポジティブに受け止め，意欲を高める。	知①和服の基本的な構成を理解している（ワークシート）
4．教員の説明を聞き，和服にも洋服と同じようにTPOがあることを知る。また，ワークシートに描いた答えを分類する。（4分）	・既習事項を踏まえ，導入の質問で出た答えを使って，説明する。 ◇説明しながら，冒頭で生徒が出した実例を色付きチョークなどで分類し，理解を促す。	知②場面や用途によって，和服には様々な種類があることを理解している（ワークシート）
5．和服の様々な種類・着装に触れ，観察する。ワークシートに観察した内容を記述する。（26分）	・実物教材を5つのグループに分け，1つにつき約4分の観察時間を設け，観察させる。（観察ポイント：色，柄，形，触り心地，装飾方法，付属物など） ◆休憩は適宜取らせる。	関①和服に興味・関心を持ち，実物教材に積極的に関わることができる（行動観察ワークシート）
6．グループで話し合い，担当した和服の特徴をまとめる。（10分）	◆全員が話し合いに参加できるよう机間巡視を行う。	
7．全体で特徴を発表する。発表後の教員による補足を聞き，特徴と意味を知る。（18分）	・班員全員で画用紙を全体に見えるよう提示させ，発表させる。 ◇生徒の意見を踏まえ，特徴や意味を補足説明する。	
8．和服を取り巻く課題と現状を知る。（5分）	・パワーポイント資料を用いて，説明する。	

9．和服の課題と現状をふまえ，これからの自分の生活に和服を取り入れる方法を考え，まとめる。（10分）	２人１組程度でiPadを使用させる。（パワーポイントの構成①実物教材の紹介②和服着装機会の減少と伝統技術の消失③現代の日常着における和装の着装方法の変化（洋服と組み合わせ，帯結びの簡易化）） ◇和服や和服に関わる技術や文化を未来に残していきたいか，もし残していくとするならばそのために，どのように暮らしの中に和服を取り入れることができるか，具体的に考えさせる	エ①これからの生活において，自身と和服の関わりを創造できる（ワークシート）
10．本時を振り返る（10分）	・振り返りをさせる。	

（２） ワークシート及び授業風景

　今回使用したワークシートは池田教諭が主に作成を行った。左上部には授業で問いかけたことを書き込むスペースがあり，左下部から右上部にかけて観察用のメモ欄とした。右中ほどに，グループで話し合った特徴についてまとめる欄，左下は自分の生活に和服を取り入れる具体的な考えをかく欄，振り返りをする欄，印象に残ったこと，もっと知りたいことを書く欄を設けている。

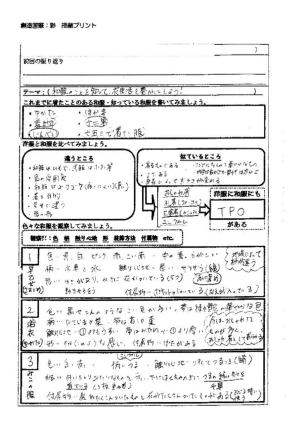
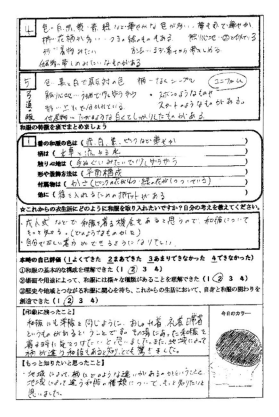

写真 授業の様子

4．おわりに

　本授業は，中学１年生を対象に５クラス，50分×２時間の授業で行った。前半はこれまでの和服体験を問うことで，教材への関心を高め，洋服と比較することで身近なものを見直すという展開は授業者，学習者ともスムーズに行うことができた。中盤は，グループごとに実物に触れさせたところ，授業者が指示をせずとも，簡単な着装をしてみたり，手に取ったりと，騒然としながらも，積極的に実物に触れ，熱心に観察する様子が見られた。特に，地域の祭礼の装束について，学習者の中には自身の地元にも類似の祭礼があるということで比較する様子が見られ，本授業のねらいを達成できた一面が伺えた。ワークシートの最後に記入してもらった，和服と自身の関りについては，関心が高まったというコメントが多く寄せられたが，具体的な行動に出るといった内容に到達する学習者は多くはなく，課題と現状の提示から各自意見を考え，さらにそれを共有するグループワークを再度行い，発想を広げさせる工夫が必要であると考えられた。

　今後の課題として，現在収集したワークシートの分析を進め，本授業の学習者が何を学んだか，どこまでコミュニケーションスキルを向上できたかなど，より詳細な授業改善の洗い出しをしていく。

（注１）本研究の実践を行った広島なぎさ中学校・高等学校は独自の科目名称を用い，「家庭科」にあたる科目がいくつか存在する。今回は「彩（いろどり）」の授業で実践した。また，学校の方針として最大限ICTの活用をすること，実物資料に多く触れさせることなどを授業内の実施目標に取り入れ，多くの教育機関で行われている「家庭科」より総合的で横断的な授業形態となっている。なお，実践にあたっては同科目担当の新田美涼教諭の協力もいただいた。

（注２）これらの衣装についての詳細は拙稿「祭礼に用いられる装束の実態－殿賀花田植えの早乙女衣装を例に－」（『広島女学院大学人間生活学部紀要』第６号，広島女学院大学，2019），「祭礼に用いられる装束の実態－殿賀花田植えの胴取り衣装を例に－」（『広島女学院大学人間生活学部紀要』第７号，広島女学院大学，2020）を参考されたい。

【参考文献】
１）**中央教育審議会**，幼稚園，小学校，中学校，高等学校及び特別支援学校の学習指導衣要領等の改善及び必要な方策等について（答申），平成28年12月21日
２）**文部科学省**，平成29年度小・中学校新教育課程説明会（中央説明会）における文科省説明資料（新しい学習指導要領の考え方－中央教育審議会における議論から改定そして実施へ－，新しい学習指導要領の考え方－中央教育審議会における議論から改定そして実施），平成28年９月28日
３）**鈴木　明子**，『コンピテンシー・ベイスの家庭科カリキュラム』，東洋館出版，2019

地域の歴史文化財を活用した 科目「食文化（2単位）」の授業

―『明応9年（1500年）3月5日将軍御成献立』を味わう―

山野　京子（山口県立山口農業高等学校）

1．はじめに

　21世紀型スキルのうち，『◇世界の中で生きる「8．地域とグローバルの良い市民であること」』との関連を踏まえ，地域の歴史的文化財を活用し，食の歴史的視点を取り入れて教材化し，地域と連携した授業実践を行った。高等学校学習指導要領との関連では，科目「食文化」の目標で目指す「食文化の伝承と創造に主体的かつ協働的に取り組む態度を養う。」に関わり，高校生が調味料の歴史的変遷に興味を持ち，素材の味を生かす味つけを工夫することができるようになると考えた。また，地域で活躍する職業人になるために，地域の文化財に学ぶ意義に気づくことができると考え，本授業を実践することにした。

2．教材についての概要

（1）『明応9年3月5日将軍御成献立』と再現についての概要

　室町幕府第10代将軍だった足利義稙（あしかがよしたね）が，京を追われ，山口の大名，大内義興（おおうちよしおき）を訪問した。その時，大内義興は自らの館（山口市大殿大路）に招き，盛大な宴でもてなした。そのもてなしの記録が「明応九年三月五日将軍御成雑掌注文」として残っている。初献から25献と2共御（くご），4御台，御菓子（おんだい）の全部で32のお膳，110品を超える詳細な献立が記録されている。さらに，継続的に実施されている大内氏の館跡の発掘調査から，台所跡や盛りつけの器（土師器皿），調理の器，食材（貝殻や魚や鳥などの骨）が見つかったことから，大内氏のもてなしの記録と対応していることが明らかとなった(注1)。

　そこで，2010年，山口商工会議所「山口名物料理創出推進会議」と（財）山口観光コンベンション協会を中心に，食文化研究家 江後迪子さん監修のもと，山口市文化財保護課，湯田温泉の料理人の方々によって，「明応九年三月五日将軍御成雑掌注文」の全献立の再現が忠実に行われた（折込①②参照）(注2)，(注3)。

（2） 教材の選定理由

　明応9年（1500年）は，しょうゆも砂糖もみりんもなかった時代である。生徒にとっては，あって当たり前の調味料が存在しないことから，「料理にどうやって味をつけるのだろうか」「その料理の味はどんなだろうか」と興味関心が高まると考えた。また，現在の和食の源流に触れることで，和食を見つめ直し，新たな創作につなぐことができるのではないかと考えた。可能ならば，同時に調理技術の習得も図りたい。そこで，調理実習の献立は，食材を入手しやすいこと，味付けに当時の特徴が認められるもの，調理技術の習得（食物調理技術検定1級）につながるものの3つの条件をあげ，「二御台」から「さしみ鯛」，「十献」から「むし麦」，「四御台」から「くらげ」，「十六献」から「はす」の4品とした（折込③④）。

　なお，山口県教育委員会が実施する「スキルアップ支援事業を活用し，再現に携わられた山口調理製菓専門学校教授 樋口 稔先生に外部講師をお引き受けいただき，授業実践することができた。

【参考文献・参考サイト】
（注1）大内氏の宴－出土品にみる中世山口の食文化－　山口市教育委員会，2012
（注2）明応九年三月五日将軍御成献立　山口商工会議所　山口名物料理創出推進会議
（注3）山口市観光情報サイト「西の京 やまぐち」http://yamaguchi-city.jp/ouchigozen/

3．授業展開

（1） 題材「日本の食文化とその伝承と創造」

（2） 題材のねらい

①日本の食文化について，各時代の特徴を知り，食生活の変遷や食習慣，食生活の在り方に関心を持たせる。（知・技）（態度）

②日常食，行事食，郷土料理について，先人の知恵や食のもつ文化的な意義を考えさせる。（知・技）（思・判・表）

③地域に伝わる郷土料理を知り，食の地域性について理解させる。（知・技）

④日本の料理様式の流れや特徴を理解させ，基本的な食事の作法を身に付けさせる。（知・技）

⑤さまざまな日本料理が調理可能な調理技術を身につけさせ，創作料理を調理できるようにする。（知・技）（思・判・表）

（3） 題材の指導計画（全28時間）

題材の指導計画を図3に示す。

①日本の食文化史　　　　　　　　　　　　　…6時間
　　　中世のお殿様の食事（調理実習）本時2時間（連続）
②日本料理の食文化　　　　　　　　　　　　…4時間
③山口県の食文化　　　　　　　　　　　　　…6時間
　　　山口の郷土料理（日常食）（調理実習1回）
　　　山口の郷土料理（行事食）（調理実習1回）
④日本の行事食と郷土料理（調理実習2回）　…8時間
⑤山口県ゆかりの食材を用いた創作料理　　　…4時間

図3　題材の指導計画（全28時間）

（4） 本時の題材

調理実習　中世のお殿様の食事〜『明応9年（1500年）3月5日将軍御成献立』を味わう〜

（5） 本時のねらい

①山口市の歴史文化財を忠実に再現した中世のお殿様の食事の調理法を試み，先人の調味の工夫を知る。（知・技）
②中世の食事を味わい，調味法や出汁の役割について考える。（思・判・表）
③かつらむき，白髪大根，梅にんじん，松皮造り，乾麺の茹で方の調理技術を身に付ける。（知・技）

四御台（おんだい）

❶	❸	❺
❷	❹	❻

❶ **にこごり**：鮒（ふな）のにこごり。醤油は使わずたれ味噌で。味噌，酒，塩，蜂蜜を使う。

❷ **白魚**：季節により，無ければ略す。

❸ **雁の焼物**：雉で代用。塩焼きにする。

❹ **御汁**：えいの汁。えいは皮をむいて使う。

❺ **くらげ**：くらげの酢の物。黒酢，塩，水，蜂蜜で味付けをする。

❻ **冷製ほや**：ほやの冷汁。昆布で潮仕立てとする。

十六献（こん）

❶	❷
❸	

❶ **はす**：蓮根をよく洗い，鍋に入れて水と酢（少量）を加え火を通し，水に落とす。皮を剥いで，縦に切り，３㎜程度の厚さにスライスし，鍋に入れて昆布だし，酢，蜂蜜，塩で味を調える。

❷ **羽羊羹**：葛を水，塩，蜂蜜で固めに練り流し，缶に流して羽の形に抜く。

❸ **添物ほや**：ほやを塩抜きし，水気を切る。適当なサイズに切り，塩，蜂蜜，酢，昆布だしで味を調える。

（写真提供　山口商工会議所）

折込①

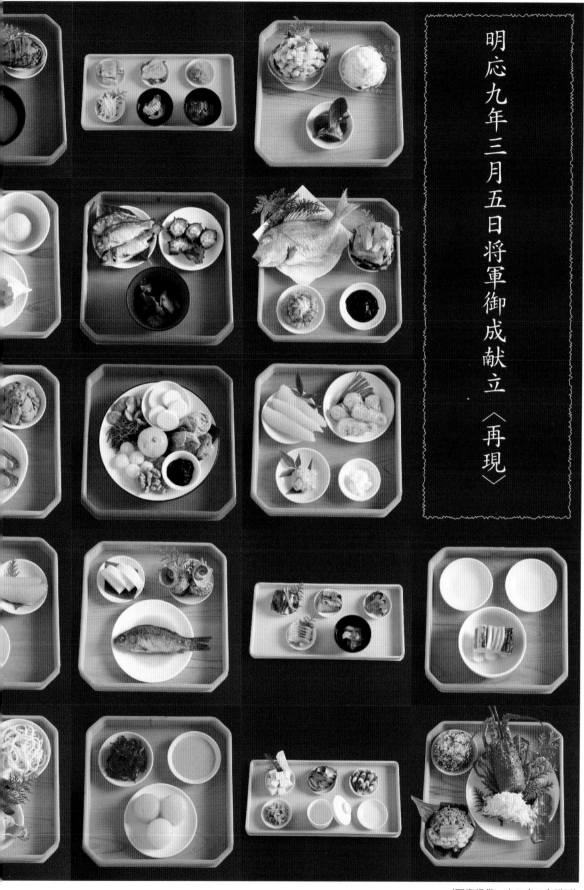

明応九年三月五日将軍御成献立〈再現〉

（写真提供　山口商工会議所）

折込②

○で囲った料理を
調理実習で扱った。

二御台（おんだい）

❶ ❷ ❸
❹ ❺

❶ 鳥の焼物：雉（きじ）の塩焼き。
❷ 鮭焼物：鮭を塩焼きにする。
❸ 鯉：鯉の鱗を取り，塩焼きにする。
❹ さしみ鯛：鯛を刺身にし，山葵（わさび）を添える。
❺ 御汁：鳥の身あしらい。酒，塩で味付けし，木の芽を添える。

十献（こん）

❶ ❷
❸

❶ だいこん：大根を切り，水，酢，塩，蜂蜜でだしを作り，冷めたら大根を漬ける。
❷ むし麦：乾燥うどんを茹でる。昆布，水，乾燥椎茸，塩，酒でだしを作る。
❸ 添物：羽敷うずら。鶉（うずら）を姿のまま背を少し開き，酒，塩をふって蒸した身を背中に盛

（6） 授業紹介

　使用したレシピを図4に示す。

食文化　　　　　　　　　　　　　　　　科　　3年　　番　氏名

調理実習　中世のお殿様の食事〜『明応9年3月5日将軍御成献立』を味わう〜

　　さしみ鯛（二御台）　くらげ（四御台）　蒸麦（十献）　はす（十六献）

さしみ鯛

①鯛は水洗いし，三枚におろし，上身の皮を皮霜に松皮作りにする。

②ツマ

・大根ツマは，大根をかつらむきにし，白髪大根にする。

・刺身皿に，大根ツマと大葉を敷き，わさびを添える。

③煎り酒（当時は醤油がなかった！　醤油の前身）

・酒の中に梅干を入れ，ゆっくり煮詰める。

・半量まで煮詰め，仕上げに煎米と塩を入れ，布でこす。

材料（4人分）	
鯛	上身160 g
大根	80 g（丸5cm 厚さ）
大葉	4枚
わさび	適量
【煎り酒】	
酒	400 g
梅干	中8個
煎米	5 g
塩	3 g（小さじ1/2）

くらげ（クラゲの酢の物）

①黒酢，塩，水，はちみつを合わせ，くらげを入れて味を含ませる。

材料（4人前）	
クラゲ	80 g
水	150mL
黒酢	50 g
はちみつ	42 g（大さじ2）
塩	3 g（小さじ1/2）

むし麦

①だしを作る。水に昆布・干し椎茸を1時間つけてもどす。

②弱火にかけゆっくりとだしを取り，煮立ってきたら昆布と椎茸を取り出し，ペーパータオルでこす。

③　②を火にかけ，塩を入れ，煮立ってきたら酒を入れ，味を調える。

④乾燥うどんをゆでる。冷水にとって，麺をしめる。

⑤　④を器に盛り付け，③のだしをかける。

材料（4人分）	
水	720mL
昆布	10 g
干しシイタケ	13 g
塩	6 g（小さじ1）
酒	15 g（大さじ1）
乾燥うどん	80 g

はす（はすの甘酢煮）

①れんこんをよく洗い，水と酢（少量）でゆで，水にひたす。

②皮をはいで，3mm厚さに切り鍋に入れる。昆布だし，酢，はちみつ，塩で煮含める。

材料（4人前）	
はす（れんこん）	100 g
昆布だし	150mL
酢	50 g
はちみつ	42 g（大さじ2）
塩	3 g（小さじ1/2）

図4　レシピ

　講師の説明と実演の後，4人グループで実習に取り組み（図5，6），完成した料理（図7）を試食し，実践のまとめとしてワークシート（図8）を記入した。

図5　煎り酒を作る様子

図6　くらげの指導をしてもらう様子

図7　完成した4品（右下が煎り酒）

（7）　生徒の感想（ワークシート（図8）の記述から抜粋）

①煎り酒をさしみ鯛につけて食べた感想は？

・さっぱりしていて醤油より辛くなくて食べ易かった。

・しょうゆをつけないで食べたのは初めてだったけど，煎り酒は刺身にとても合っていた。

・しょうゆよりも味が薄いので，鯛そのものの味がした。ほんのり煎り酒の味がしておいしかった。

・しょうゆの方が断然おいしいと実感した。

・しょうゆの革命に感謝。

②むし麦のつゆはどう思いましたか？

・しいたけのエキスがすごく出ていて，うどんともよく絡んでいて，とてもおいしかったし，やさしい味がした。

・薄味で，食べやすかったし，優しい味で，とてもおいしかった。

・昆布だしが強かった。酒を入れると風味が変わっておいしかった。

③明応9年（510年前）の将軍足利義稙と同じものを食べた感想は？

・昔の偉い人がこのような料理を食べていたとは知らなかった。今よりも断然味は薄く，驚いた。庶民は何を食べていたのかと不思議に思った。調味料ってすごいなと改めて感じることができた。

・昔の人は今みたいに料理に砂糖を使わないと知った。全て蜂蜜で味付けしてあったので，甘くなりすぎないし，塩味もあまり濃い味付けではなく優しい味で，酢も使っていたので健康的な食事だと思った。昔の人は体にいいものを食べているのかなと思い，お手本にしようと思った。

・全てにおいて味は薄めだったけれど，基本的に優しい味でとても食べやすいと思った。

・しょうゆ等の調味料がないので，数少ないものから味を作るのはすごいと思った。梅干しや蜂蜜を使ったりして，どんな味になるのか気になったが，わりとおいしかった。

・毎日食べているご飯とは違って，すっぱいものが多かった。基本的に味が薄めだと思った。昔の人はこれが贅沢なご飯ということに驚いた。

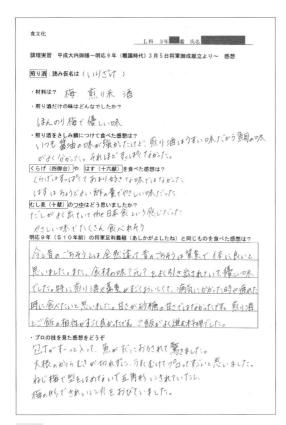

図8 ワークシート

4. おわりに

　しょうゆも砂糖もみりんもない時代の調理と試食をして，生徒は，調味料にも歴史があることを知り，素材の味を生かす味つけや料理に出汁を上手に取り入れる方法を知ることができた。そして，先人が，素材をおいしく料理する工夫を積み重ねてきたことに気づき，食の歴史を学ぶ意義と料理の発展性を知ることができた。

　本教材は，山口市の歴史文化財を高校家庭科に活用した事例である。同様に「家庭総合」や「フードデザイン」の授業で活用することも可能である。日本の各地域に，「歴史的なストーリーを有した，価値ある食（歴食）」がある。今後は，これらを教材化し，日本食を歴史から紐解き，体験的に日本食の変遷をたどることができるようにしたいと思う。さらに，グローバルな視点から，地域の食文化の価値を問い直し，和食の源流を参考にして，現在の食生活の在り方を考え，発展させることができるようにしたいと思う。

　本授業の実施と本稿の執筆にあたり，山口調理製菓専門学校の樋口　稔先生，山口市教育委員会文化財課の北島　大輔先生，山口大学教育学部教授　五島　淑子先生，山口商工会議所様に多大なご協力をいただきました。お礼申し上げます。

さらに強く「生きる」ために

正保　正惠 （日本家庭科教育学会中国地区会会長）

　冒頭にも書いたが2020年は，世界中で新型コロナウィルスが猛威を振るい，WHO がパンデミック宣言を行い，経済・金融にも大きな打撃を受け，私たちすべての人類が脅威と不安の中で生活をしているという，現在生きている生活者にとっては未曽有の，困難な世界となっている。多くの国で学校が閉鎖され，大人数の集会が制約を受け，渡航や市外への行き来も制限されている都市が出てきている。新ワクチンへの取り組みが進められてはいるだろうが，いつ出来上がるのかまだ予想ができないため，世界中で既存の他の疾患への薬が試されている。そのほかにも，政治・経済・医療・教育等々あらゆる分野があらゆる形で試されていると言ってもよい状況である。

　本書の共同研究を始めたころには想像もできなかった事態の中で，私たちはそれでも，この新しい家庭科の実践研究を提案していくことが重要であるという強い意志を持ってあとがきの言葉を紡いでいきたい。このような事態になって，私たち自身が日々脅かされている健康や安全・快適に過ごすことを学校教育の中で，家庭科を通してすべての子どもたちに伝えていくことの大切さがより一層身に染みるからである。

　あらためて，本書に収められた研究・実践と学習指導要領 H29年版，21世紀型スキル，連携・協働，生活の営みに係る見方・考え方との関連について説明を加えておきたい。

1．学習指導要領（平成29・30年告示）

　総説には，「今の子供たちやこれから誕生する子どもたちが，成人して社会で活躍する頃には，我が国は厳しい挑戦の時代を迎えていると予想される。生産年齢人口の減少，グローバル化の進展や絶え間ない技術革新等により，社会構造や雇用環境は大きく，また急速に変化しており，予想が困難な時代となっている。…(略)…一人一人が持続可能な社会の担い手として，その多様性を原動力とし，質的な豊かさを伴った個人と社会の成長につながる新たな価値を生み出していくことが期待される」が，「持続可能な社会」といいつつも，その社会は「先が見えない社会」であり，誰にも予測が困難な時代を切り開いていかざるを得ない中で，誰もが担い手となって「新たな価値」の創造をしていく必要があるということである。持続可能な社会とは，ある意味大人たちにも見えていないが，今ある様々なものが維持される仕組みを大人も子供も一緒にみんなで考えぬこう，という発想である。

　文部科学省が提起した「先が見えない社会」が，このような形で真に迫ってこようとは誰も想像だにできなかったが，今回，本書の執筆陣が取り組んだ実践の数々は，文部科学省の意図した「個

別の知識・技能」に加えて「思考力・判断力・表現力等」と「主体性・多様性・協働性，学びに向かう力，人間性」の「学力の三要素」を意識しながらも，どのような社会にも対応できる21世紀スキルの習得を主なターゲットにおいての研究・実践であった。

　冒頭にも記したが，このような研究・実践を追求する中で，逆に従来の日本の指導要領における家庭科の学習から「踏み出して」いるものもある。例えば，2年生の実践である，「小学校低学年からの探求学習による家庭科学習の試み」（佐藤　園他）や，4年生の実践である「小学校家庭科における教科外活動及び小中連携の学習効果—手縫いによるプレゼント作りを通した地域の高齢者との交流—」（竹吉　昭人他）は，生活科や総合学習の時間を「間借り」しての家庭科学習となっている。また，「バックキャスティングによる小学校家庭科の授業開発とパフォーマンス評価—アサーション導入と「配慮」を加えた「家族のための食事作り」—」（正保　正惠他）では，一部学活を使っており，「家庭科の資質・能力育成のための小・中・高等学校家庭科カリキュラムの構想に向けて—食文化概念の整理と深い学びをうながす連携実践の試み—」（一ノ瀬　孝恵他）は，小・中・高をつなげている。

　新学習指導要領H29年版を真摯に読み込んで研究・実践を行うと，結果的には，従来の枠を浸みだしていくということが，本書の共同研究を通して分かったことの一つでもある。もちろん，教科としての今日まで培ってきたことを土台として，家庭や地域に繋がっていく中でこのような挑戦を世に問うていきたいと思うところである。

2．21世紀型スキル

　家政学や家庭科教育のみならず，我々は今日まで，現実の人々の生活をよりよくしていくために「研究と実践の往還」を行っていくことがすべての学術・教育分野に求められると考えがちであった。本書において向きあってきた21世紀型スキルの多くは，理論と実践とをつないでいくためのスキルといってよいのではないだろうか。それらは，主に対人関係に関するスキルで，コミュニケーション力，交渉力，創造力，分析力，問題解決力，リーダーシップ，マネジメント力，柔軟性など，それぞれの固有の分野における理論や知識とも違い，経験的な積み重ねが求められる実践側のスキルとも異なるような特別なスキルである。つまり，どの教科においても（どの分野においても）それぞれの固有の理論を実生活や社会生活における実践に結びつける具体的な接着剤的な役割を果たしていると言えるのではないだろうか。逆にいうと，21世紀型スキルとは，それのみでは抽象的なイメージが喚起されるが，具体的な理論や実践とつながることで初めてそれぞれのスキルを具体化しながら磨くことにもなる。

　そういう意味で，本書においては，次のスキルを磨くための研究と実践の例が示されている。

◇思考の方法
1．**創造性とイノベーション**：「地域の伝統行事衣装を含む和服文化に関する授業開発—ESD の視点も含め—」（楢﨑　久美子他）
2．**批判的思考，問題解決，意思決定**：「小学校低学年からの探求学習による家庭科学習の試み」（佐藤　園他）「自立した消費者の育成—エシカル消費を通して—」（多々納　道子他）

3．学び方の学習，メタ認知：「バックキャスティングによる小学校家庭科の授業開発とパフォーマンス評価—アサーション導入と「配慮」を加えた「家族のための食事作り」—」（正保 正恵他）

◇働く方法

4．コミュニケーション：「一人でチャレンジ！　お昼ご飯とお弁当」（重枝 孝明他）

5．コラボレーション（チームワーク）：「地域の方と作るだしを活かした山口県の雑煮の授業開発」（森永 八江他）

◇働くためのツール

6．情報リテラシー

7．ICT リテラシー：「自立した消費者の育成—エシカル消費を通して—」（多々納 道子他），

◇世界の中で生きる

8．地域とグローバルのよい市民であること（シチズンシップ）：「よりよい地域づくりを考える—モデルタウンの20年後を予測しよう—」（中井 克美他），「地域の歴史文化財を活用した科目「食文化（2単位）の授業—『明応9年（1500年）3月5日将軍御成献立』を味わう—」（山野 京子）

9．人生とキャリア発達：「安心・安全な住まい方について新たな視点を見つけよう」（藤井 志保他）

10．個人の責任と社会的責任（異文化理解と異文化適応能力を含む）

　結果的に取り扱うことができなかった項目もあるが，本書において「未踏」となった項目については，これを読まれた各校種の先生方やその他の読者の皆様の挑戦的実践に委ねたいと思う。

3．連携・協働

　学習指導要領 H29年版総則においてすべての校種のカリキュラム・マネジメントを含めて提起した地域・家庭との連携・協働は，家庭科にとっても一つの突破口となると思われる。本書には，タイトルにもさせていただいたように，地域とつながり，家庭とつながり，他学年とつながりといったように，従来の教科書通りの枠組みから踏み出した研究・実践が数多く繰り広げられている。従来，家庭科は実践性と総合性をその本懐とした教科であり続けてきたのであるが，様々な制約の中で連携・協働が発揮しにくかった部分がある。もちろん，現実の小・中・高等学校ですべて同じことができるとは限らないが，それでも本書が提案している内容は，すでに実践されている取組みであり，これらが今までの壁を越えていく契機となることを願っている。加えて，そのことが家庭科という教科の本質が薄められて取り壊されていくことのないことも同時に堅持していきたいと考えるものである。また新しい生活様式への提案の一助とともしていただきたい。家庭科という教科の新しい挑戦が今，始まっている。

○地域との連携をめざした取り組み：「小学校家庭科における教科外活動及び小中連携の学習効果—手縫いによるプレゼント作りを通した地域の高齢者との交流—」（竹吉 昭人他），「地域の方と作るだしを活かした山口県の雑煮の授業開発」（森永 八江他），「安心・安全な住まい方について新たな視点を見つけよう」（藤井 志保他），「よりよい地域づくりを考える—モデルタウンの20年後を予測しよう—」（中井 克美他），「地域の伝統行事衣装を含む和服文化に関する授業開発—

ESD の視点も含めー」(楢﨑 久美子他),「地域の歴史文化財を活用した科目「食文化（2単位）の授業ー『明応9年（1500年）3月5日将軍御成献立』を味わうー」(山野 京子)

○**家庭との連携をめざした取り組み**:「小学校低学年からの探求学習による家庭科学習の試み」(佐藤 園他)「バックキャスティングによる小学校家庭科の授業開発とパフォーマンス評価ーアサーション導入と「配慮」を加えた「家族のための食事作り」ー」(正保 正惠他),「一人でチャレンジ！ お昼ご飯とお弁当」(重枝 孝明他)

○**他の校種・他学年との連携をめざした取り組み**:「自立した消費者の育成ーエシカル消費を通してー」(多々納 道子他),「家庭科の資質・能力育成のための小・中・高等学校家庭科カリキュラムの構想に向けてー食文化概念の整理と深い学びをうながす連携実践の試みー」(一ノ瀬 孝恵他),「ワールドカフェで1年生が育てた大根をメニュー化してともに味わう」(粟井 麻由)

4．生活の営みにかかる見方・考え方

　冒頭に掲げた図を再び掲げることとなるが，本書を読み終えた方々は，今までとは違った見方が出来るのではないだろうか。

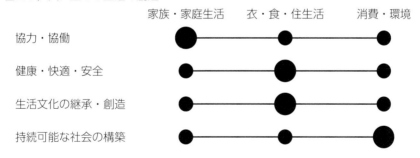

　どの研究・実践の取り組みも，4つの「生活に係る見方・考え方」を同時に包含しており，強弱はあるが私たちの暮らし（生活の営み）はつねに総合性を持ったものであることを再確認できたのではないかと思われる。英語の「Life」に生活のほかに「人生」，「生命」などの深い意味が包含されているように日々，大切なことの（繰り返しではない）「積み重ね」を行なっているのだという事をも再認識できる研究・実践だったのではないだろうか。日本語で「Life」にもっと近づきたい方は，「生きる」という動詞のように思う。自立し，共に強く生きるための教科としての家庭科を，このような事態の中だからこそ，さらに大切にしていきたい。そしてすべての人々が新しい「積み重ね」を心して歩んでいくことを願って，本書をすべての新しい生活様式に挑戦している皆様に届けたい。

【執筆者一覧】（敬称略：50音順）

青木 佳美　島根大学教育学部附属義務教育学校
粟井 麻由　福山市立日吉台小学校
池田 並穂　広島なぎさ中学校・高等学校
一ノ瀬 孝恵　広島大学附属中・高等学校
伊藤 圭子　広島大学大学院人間社会科学研究科
今川 真治　広島大学大学院人間社会科学研究科
円並地 利江　広島大学附属小学校
梶山 曜子　広島大学大学院教育学研究科院生
鎌野 育代　島根大学教育学部
河村 尚代　周南市立岐陽中学校
佐藤 園　岡山大学教育学部
重枝 孝明　山口大学教育学部附属山口小学校
正保 正惠　福山市立大学教育学部
鈴木 明子　広島大学大学院人間社会科学研究科
高田 宏　広島大学大学院人間社会科学研究科
竹吉 昭人　島根大学教育学部附属義務教育学校
多々納 道子　島根大学名誉教授

冨永 美穂子　広島大学大学院人間社会科学研究科
中井 克美　山口県萩市立萩西中学校
楢﨑 久美子　広島女学院大学
西 敦子　山口大学教育学部
西澤 準　福山市立西小学校
信清 亜希子　岡山大学教育学部附属小学校
日浦 美智代　広島大学附属中・高等学校
平井 早苗　島根大学教育学部
藤井 志保　広島大学附属三原中学校
藤田 和也　福山市立西小学校
松原 主典　広島大学大学院人間社会科学研究科
村上 かおり　広島大学大学院人間社会科学研究科
森 千晴　広島大学大学院教育学研究科院生
森永 八江　山口大学教育学部
山野 京子　山口県立山口農業高等学校

家庭や地域と連携・協働する家庭科授業
―21世紀型スキルに向き合う―

日本家庭科教育学会中国地区会 編

2020年 9 月30日　初版発行

●発行者　横谷 礎
●発行所　教育図書株式会社

〒101-0052　東京都千代田区神田小川町3-3-2
☎ 03-3233-9100（代表）　FAX：03-3233-9104
URL：https://www.kyoiku-tosho.co.jp/

●本文デザイン・組版　株式会社 新後閑

ISBN 978-4-87730-436-2　C3037